INVENTAIRES DES PAPIERS CONCILIAIRES
DE MGR J. M. HEUSCHEN ET DU PROF. V. HEYLEN

INSTRUMENTA THEOLOGICA
XXVIII

L. Declerck

INVENTAIRES DES PAPIERS CONCILIAIRES DE MONSEIGNEUR J. M. HEUSCHEN, ÉVÊQUE AUXILIAIRE DE LIÈGE, MEMBRE DE LA COMMISSION DOCTRINALE, ET DU PROFESSEUR V. HEYLEN

Maurits Sabbebibliotheek
Faculteit Godgeleerdheid

Uitgeverij Peeters

Leuven
2005

ISBN 90-429-1585-4

© 2005 by the Maurits Sabbe Library, Faculty of Theology (K.U. Leuven)
Sint-Michielsstraat 2-6, B-3000 Leuven (Belgium)

D/2005/0602/28

TABLE DES MATIÈRES

INVENTAIRE DES PAPIERS CONCILIAIRES DE MGR J. M. HEUSCHEN, ÉVÊQUE AUXILIAIRE DE LIÈGE, MEMBRE DE LA COMMISSION DOCTRINALE

I. Documents

II. Correspondance de Mgr J. M. Heuschen

INVENTAIRE DES PAPIERS CONCILIAIRES
DU PROFESSEUR V. HEYLEN

Documents

INVENTAIRE DES PAPIERS CONCILIAIRES DE
MGR J. M. HEUSCHEN, ÉVÊQUE AUXILIAIRE DE LIÈGE,
MEMBRE DE LA COMMISSION DOCTRINALE

NOTE SUR LES ARCHIVES CONCILIAIRES
DE MGR J. M. HEUSCHEN

1. Mgr Heuschen et le Concile Vatican II

À peine sacré évêque (le 21.9.1962) Mgr Heuschen partait pour Rome afin d'assister à la 1ᵉ session du concile[1]. De façon inattendue il joua un rôle non négligeable dans le déroulement du concile, surtout après son élection comme membre de la commission doctrinale à la fin de la 2ᵉ session, et fut mêlé de près à plusieurs épisodes cruciaux.

D'une extrême discrétion, Heuschen n'a publié sur le tard qu'un seul article scientifique qui met un peu en lumière son rôle décisif dans le traitement des *modi* pontificaux pour le chapitre *De Matrimonio et Familia* du schéma XIII à la fin de la 4ᵉ session[2]. De même il n'a jamais permis l'accès à ses archives. Ce n'est que quelques années avant sa mort qu'il a donné des indications sur leur lieu de conservation et qu'il nous a remis copie de sa correspondance avec sa famille et avec les demoiselles Verjans.

1. Joseph Maria Heuschen est né à Tongres le 12.7.1915. Après des études secondaires au Collège Notre-Dame à Tongres (qu'il terminait comme *primus perpetuus*), il est envoyé à Rome pour suivre les cours de l'Université Grégorienne, où il obtient la licence en philosophie (1936) et, comme lauréat de sa promotion, la licence en théologie (1940). Il est ordonné prêtre à Liège le 10.9.1939. À Rome il est condisciple de J. Döpfner, futur archevêque de Munich et modérateur du concile. De retour en Belgique (à cause de la guerre), il entame une licence en langues et histoire orientales à l'Université catholique de Louvain, qu'il achève en 1942. Cette même année il est nommé professeur au Grand Séminaire de Liège où il enseigne l'exégèse de l'Ancien et du Nouveau Testament et où il trouve comme collègue G. Philips, comme lui engagé dans l'Action catholique et qui pendant le concile deviendra secrétaire adjoint de la commission doctrinale. Le 1.8.1959, Heuschen est nommé vicaire général du diocèse de Liège et le 24.7.1962 évêque titulaire de Druas et évêque auxiliaire de Liège. À ce moment le diocèse de Liège comprend encore deux provinces belges: la province de Liège qui est francophone et allemande, et la province du Limbourg qui est flamande. Comme évêque auxiliaire Heuschen réside à Hasselt (chef-lieu de la province) et a la charge pastorale de la province du Limbourg. Le 13.6.1967, il est nommé premier évêque de Hasselt, diocèse qui venait d'être érigé. Le 15.12.1989 il donne sa démission et il est décédé à Hasselt le 30.6.2002. (Cf. K. Schelkens, *In memoriam Joseph-Marie Heuschen (1915-2002)*, dans *ETL* 76 [2002] 445-464).

2. Cf. J.M. Heuschen, *Gaudium et Spes. Les Modi pontificaux*, dans M. Lamberigts, Cl. Soetens, J. Grootaers (éd.), *Les commissions conciliaires à Vatican II*, Leuven, 1996, 353-358.

L'étude de ces archives (quoique fort partielles et incomplètes), et de celles de son ami Mgr G. Philips et du Prof. V. Heylen, nous permet ainsi de donner pour la première fois un aperçu de son activité conciliaire.

*

Essayons d'abord de retracer quelque peu l'influence de Mgr Heuschen concernant plusieurs schémas importants du concile.

1. De Ecclesia (Lumen Gentium)

Quand le cardinal Suenens, notamment à la suite d'une suggestion du cardinal Cicognani[3], cherche à faire rédiger un nouveau De Ecclesia, il s'adresse, dès le 15.10.1962, à Philips sur l'avis de Heuschen[4]. Rien d'étonnant que Philips pendant la 1e intersession continue à demander la collaboration de son évêque auxiliaire et ami Heuschen pour l'élaboration de ce schéma, qui a été accepté comme texte de base en février-mars 1963[5].

À la 2e session, lors du grand débat sur le nouveau texte du De Ecclesia, le 8.10.1963, Heuschen intervient, à la demande de Philips[6], dans l'aula conciliaire avec force et compétence pour démontrer que, chez les Pères de l'Église, les apôtres (et pas uniquement Pierre) constituent le fondement de l'Église[7].

Quand Heuschen est élu (28-29 novembre 1963) membre de la commission doctrinale[8] (Commissio de doctrina Fidei et Morum, CFM), il rejoint la sous-commission qui était chargée de retravailler le chapitre De constitutione hierarchica et in specie de Episcopatu du De Ecclesia. C'était la

---

3. Cf. FConc. Suenens 570. Suenens note que Cicognani [secrétaire d'État] lui a dit à la sortie de l'assemblée générale du concile du 13.10.1962: «Pourquoi ne feriez-vous pas un schéma De Ecclesia?».

4. Cf. Journal Philips XI, p. 3: «Mgr Heuschen, peut-être d'autres encore, suggèrent au cardinal de me demander de rédiger un tel texte».

5. Cf. F. Philips 652. Dans une lettre du 29.3.1963, Heuschen dit avoir lu avec intérêt le nouveau texte du De Ecclesia. Et il ajoute qu'on sent très bien les deux tendances et les deux terminologies dans le nouveau texte. Le premier texte de Philips le satisfait davantage, mais il est important que tous les points essentiels s'y trouvent et qu'une très grande majorité accepte cette formulation. Il regrette qu'on n'ait pas mieux conservé l'inspiration biblique. Ce qu'il ne reproche pas à Philips car il sait très bien l'effort que celui-ci a dû faire et il lui dit toute son admiration.

6. Cf. n° 403.

7. Cf. n° 34-37; 402-408; 520-522.

8. Heuschen attribue cette élection à l'influence du cardinal Döpfner, son compagnon de cours à la Grégorienne, cf. Concilieherinneringen, n° 384, p. 4.

sous-commission, présidée par Mgr Parente, qui avait à traiter des problèmes cruciaux de la sacramentalité de l'épiscopat et de la collégialité.

Pendant la 2e intersession Heuschen ne va pas rester inactif. Dès la réunion de la sous-commission V en janvier 1964, il réussit à faire introduire dans le texte un passage où l'on affirme que l'on devient membre du collège des évêques en premier lieu par la consécration épiscopale, puis par la communion avec le pape, qui est requise. Cet élément n'est toutefois pas du même ordre que le premier[9].

Dans la réunion plénière de la commission doctrinale (mars 1964), il réussit à faire introduire un passage sur les patriarcats[10], ainsi qu'un texte affirmant que l'infaillibilité de l'Église réside aussi dans le corps des évêques quand, avec le successeur de Pierre, il exerce le magistère suprême[11].

On ne peut pas oublier que Heuschen faisait également partie de la sous-commission biblique qui exerçait un contrôle sur les citations bibliques[12].

À la réunion de la CFM en juin 1964, où l'on a discuté notamment les 13 suggestions envoyées, au nom du pape, par Felici le 19.5.1964, le rôle de Heuschen a été moindre puisqu'il a dû rentrer en Belgique à cause de la maladie de sa mère, qui est décédée le 16 juin 1964.

Lors de la 3e session, le grand travail de Heuschen a été le traitement des milliers de *modi* sur le *De Ecclesia*. La préparation de l'*expensio modorum* se faisait en principe par une petite équipe composée de Mgr Charue, vice-président, du secrétaire Tromp et du secrétaire adjoint Philips, chaque fois assisté de l'évêque-rapporteur du chapitre en question. Or Heuschen, d'abord délégué par le card. König pour le remplacer lors du traitement du chapitre III, sera, en fait, présent à toutes ces réunions (pour tous les chapitres) et fera pratiquement fonction de secrétaire et de dactylographe de cette équipe. Cela lui causera un travail énorme, mais en même temps il sera en mesure d'exercer une influence importante dans la dernière révision du texte. On voit aussi à quel point il a collaboré étroitement avec Philips pour la rédaction de la *Nota Explicativa Praevia*[13].

9. Cf. n° 123-125, 134, 527 et F. Philips 1256, 1299. De même Heuschen est à l'origine de l'expression «hierarchicā communione»: cf. n° 127 et 384, p. 4.

10. Cf. n° 148.

11. Cf. n° 163.

12. Cf. Journal Congar, II, p. 56: «Les Belges ont la totalité des actions dans la 'sous-commission biblique': Cerfaux, Heuschen, Charue, Rigaux. Par le biais d'un contrôle des citations bibliques, cette sous-commission exerce réellement un dernier contrôle sur les textes. À sa faveur, on peut encore modifier ceux-ci après le travail de la sous-commission compétente … De toute façon, on a un contrôle sur tout le travail. Ce contrôle s'exerce parfois, non pas même à Rome, mais à Louvain».

13. Voir les n° 225-243, 385, 436, 439-449, 451-458, 541-555.

2. De Revelatione (Dei Verbum)

Les pièces d'archives concernant le *De Revelatione* sont peu nombreuses. Cela est étonnant pour l'exégète qu'était Heuschen, et on est en droit de se demander si une partie de ses papiers n'a pas été perdue.

On sait qu'il était membre de la 1e sous-commission *de Prooemio et de Cap. I*, érigée le 11 mars 1964, qui devait traiter le problème épineux des «deux sources» et qu'il a assisté à la réunion de cette sous-commission à Rome du 20 au 25 avril 1964. Là non plus Heuschen n'a pas été un membre inactif: il avait déjà rédigé un texte à Hasselt (avec Cerfaux, Moeller et Smulders) et avait continué à rédiger d'autres textes lors de la réunion[14].

À cause de la maladie de sa mère, il devra quitter la réunion de la CFM (du 1 au 5 juin 1964)[15].

À la 3e session, le 5.10.1964, Heuschen fait une intervention concernant l'historicité des évangiles, pour répliquer à l'opposition[16].

À la 4e session il essaie, en vain, avec Mgr Philips d'introduire un passage – au sujet du problème des deux sources – qui pourrait satisfaire quelque peu la minorité, afin d'éviter une intervention du pape[17]. Dès la fin du mois de septembre, il organise une fois de plus tout le travail de l'*expensio modorum* pour le *De Revelatione*[18], travail qui a été réalisé par une sous-commission composée de Charue, Florit, Heuschen, Tromp, Philips et Betti. Toutefois, comme vers la mi-octobre, il rentre en Belgique pour deux semaines, il n'assistera pas – le 19 octobre 1965, après l'intervention du pape – aux pénibles discussions finales du texte.

3. De Ecclesia in mundo huius temporis (Gaudium et Spes)

À part une intervention écrite au sujet de la paix et de la guerre lors de la 4e session[19], Mgr Heuschen a avant tout participé à la rédaction du chapitre sur le mariage dans *Gaudium et Spes*.

À la fin de la 2e session, il avait été décidé de procéder à une nouvelle rédaction du schéma XVII, rédaction faite à Zürich en février 1964. Les

14. Cf. n° 197, 532 et F. Philips 1618, 1619.
15. Dans son Journal (p. 199), Charue note le 3 juin 1964: «Le soir, à 10h., un télégramme rappelle Mgr Heuschen pour sa mère».
16. Cf. n° 431, 436, 542.
17. Cf. n° 474, 477, 478, 479, 480, 482; 565, 566, 567, 568; F. Philips 2546 et Journal Prignon, p. 87, 93, 105, 106, 112, 113.
18. Cf. n° 468-472, 474-480, 563-568 et F. Philips 2527-2530.
19. Cf. n° 365-372, 466.

4 et 9 mars 1964, ces textes sont soumis à la commission mixte plénière et on reprend la discussion du 4 au 6 juin 1964. Une lettre de Mgr Ménager du 22.2.1964[20] atteste que Heuschen fait partie de la sous-commission «Famille et Mariage» avec NN. SS. Castellano, Dearden, van Dodewaard et Scherer. Après une première discussion *in aula* au cours de la 3e session, la commision mixte décide de retravailler le texte, et Heuschen fait partie de la sous-commission *De Matrimonio et Familia*. Il était entendu que les nouveaux textes seraient rédigés lors d'une réunion à Ariccia début février 1965. Mais une fois de plus Heuschen prend l'initiative. Dès le mois de décembre 1964, il fait appel à la collaboration de Delhaye et Heylen, et en janvier 1965 il tient une réunion à Hasselt avec Delhaye, Heylen, Schillebeeckx, van Leeuwen et Prignon pour rédiger le nouveau texte. Quand la sous-commission se réunit à Ariccia, elle n'a plus qu'à approuver le texte déjà rédigé et propose seulement quelques amendements[21]. Fait extraordinaire parce qu'il s'agissait d'un des textes les plus délicats et controversés du concile[22]. Lors de la discussion et de la présentation de ce texte à la commission mixte plénière début avril 1965, Mgr Heuschen était absent pour motif de santé[23].

À la 4e session, le texte du schéma XIII est à nouveau discuté *in aula* et chaque sous-commission doit amender son texte selon les indications données par les Pères. Pour le chapitre *De Matrimonio et Familia*, Heuschen, assisté de Heylen, entreprend la révision, et dès le 12.10.1965 il peut écrire que sa sous-commission est la première à être prête[24].

Entre temps, le 25.10.1965, Mgr Philips est tombé gravement malade et doit cesser tout travail pour le concile. C'est alors Heuschen qui prend le relais et organise pour toutes les sous-commissions le travail du traitement des *modi*. Il rédige des directives pour le travail technique et organise une réunion pour les présidents – le 12.11.1965 – et pour les secrétaires – le 14.11.1965 – de ces sous-commissions[25]. Et le 15.11.1965, il fait lire *in aula* par le secrétaire général Felici des recommandations aux Pères pour l'introduction de leurs *modi*[26].

20. Cf. n° 201.
21. Cf. n° 259-297, 339, 459, 556-558. Non sans humour, Heuschen écrit qu'il avait pu amadouer un collègue anglais [J. Petit] avec un paquet de cigarillos (cf. n° 558).
22. Pour l'histoire de ce texte, cf. M. LAMBERIGTS & L. DECLERCK, *Le texte de Hasselt. Une étape méconnue de l'histoire du De Matrimonio (schéma XIII)*, dans *ETL* 80 (2004) 485-504.
23. Cf. Journal Charue, p. 246.
24. Cf. n° 486, 568-569.
25. Cf. n° 327, 329, 496, 498, 574.
26. Cf. n° 339.

La sous-commission *De Matrimonio et Familia*, qui doit entreprendre le traitement des *modi*, se réunira d'ailleurs au collège belge à partir du 19.11.1965[27]. Le 21.11.1965, il y a, au collège belge, une réunion secrète de quelques membres de la sous-commission conciliaire avec une délégation de la commission pontificale pour la natalité[28].

Mais la période la plus mouvementée du concile pour Mgr Heuschen débute le mercredi 24 novembre, lorsqu'on communique à la commission mixte les 4 *modi* pontificaux au sujet du problème du Birth Control[29]. Intervention dramatique parce que le pape semblait vouloir faire approuver par le concile un point de vue dans une matière qu'il avait auparavant retirée à la compétence de l'assemblée. De plus, la date de la clôture du concile était fixée au 8 décembre et les textes du schéma XIII devaient encore être votés. Avec plusieurs *periti*, mais surtout avec Heylen, Heuschen prend ses responsabilités et réussira à éviter la rupture et un drame majeur[30]. Il fera intégrer – en partie – les *modi* pontificaux dans le texte et les rend, comme il l'écrit, inoffensifs[31]. Déjà le 26 novembre il soumet ses propositions à la commission mixte[32], et le 27 novembre le cardinal Ottaviani peut envoyer la réponse de la commission au pape qui donne son approbation le 28 novembre[33]. Le 29 novembre encore, Heuschen et Heylen écrivent la *Relatio* avec une lettre d'accompagnement pour Mgr Dell'Acqua, *Relatio* dans laquelle il mentionne discrètement l'intervention du pape[34].

---

27. Cf. n° 340.

28. Cf. n° 577.

29. Pour cette histoire mouvementée, cf. n° 342-360, 504-510, 577-580. Voir aussi J. GROOTAERS & J. JANS, *La régulation des naissances à Vatican II: une semaine de crise*, Leuven – Paris – Sterling, VA, 2002 et Journal Prignon, p. 217-258.

30. Plusieurs ténors du concile, dont le cardinal Suenens, avaient l'intention de mener une campagne pour voter *non placet* au texte. Cf. Journal Prignon, p. 235-236, 240.

31. Cf. n° 577. Le problème de la régulation des naissances restait donc ouvert et non résolu. Il serait faux de prétendre que l'encyclique *Humanae Vitae* (1968) est la conséquence de ce chapitre de *Gaudium et Spes* ou, en sens inverse, qu'elle est en contradiction avec lui.

32. Cf. n° 350-353.

33. Heylen note que le rapport fut remis à Ottaviani le 26.11 à 20h.15 (Lettre de Heylen à Houssiau, dans J. GROOTAERS & J. JANS, *La régulation des naissances à Vatican II*, p. 265). Le card. Ottaviani exprimait cependant sa déception en écrivant: «… per le variazioni la parte migliore è purtroppo rimasta in minoranza». Cf. J. GROOTAERS & J. JANS, *La régulation des naissances à Vatican II*, p. 146.

34. Cf. n° 352. Heylen (lettre à Houssiau, 29.11.1965) mentionne que Heuschen et lui-même ont rendu visite à Dell'Acqua le samedi 27.11 (cf. J. GROOTAERS & J. JANS, *La régulation des naissances à Vatican II*, p. 266).

Il est à noter qu'aussi bien Heuschen que Heylen ont été fortement critiqués par plusieurs *periti* de la «majorité», qui jugeaient ce compromis inacceptable[35]. Non sans raison Heuschen écrit le 29.11.1965: «Une chose est certaine: si Mgr Philips avait dû vivre tout cela, il n'y aurait pas survécu»[36].

*

En dehors de cette implication dans la rédaction des textes de trois constitutions du concile, Mgr Heuschen a également participé à deux épisodes importants dans le déroulement des travaux conciliaires.

D'abord l'élection des commissions conciliaires au début du concile. Dès le 12 octobre 1962, Heuschen intervient avec Philips auprès du cardinal Frings pour faire ajourner l'élection des commissions conciliaires. Par ailleurs il se montre fort actif, sous l'égide de Mgr De Smedt, dans l'élaboration des listes pour l'élection de ces commissions. Le vendredi 12.10.1962, il dactylographie les listes qu'il a rédigées avec Mgr De Smedt et contribue à leur diffusion. Les samedi, dimanche et lundi (13-15 octobre) il participe à la rédaction de la liste dite «européenne», qui obtiendra un succès notable. Le résultat de cette élection permettra au concile de devenir adulte en s'émancipant de l'influence, jusqu'alors dominante, de la Curie[37].

Une autre intervention de Heuschen a lieu au début de novembre 1964 avant le vote de principe concernant le texte *De Episcopis*. Le 30.10.1964, Felici annonça la distribution du texte *De Episcopis*, sur lequel on devrait voter à partir du 4.11.1964. Heuschen, ayant constaté que dans 9 passages le texte était en retrait par rapport à la doctrine de *Lumen Gentium*, convoqua une trentaine d'experts pour rédiger 9 amendements (concernant surtout la collégialité et sa mise en pratique), les fit ronéotyper au collège belge en 1.500 exemplaires et distribuer aux évêques pendant le weekend de la Toussaint à Rome (12 porteurs ont alors sillonné Rome en taxi!). Pour être contraignants, les votes *placet iuxta modum* devaient obtenir plus d'un tiers des voix. Résultat qui fut facilement obtenu avec chaque fois plus de 850 votes *iuxta modum*[38].

---

35. E. a. les critiques de A. Dondeyne, cf. J. Grootaers & J. Jans, *La régulation des naissances à Vatican II*, p. 200-202.

36. Cf. n° 578.

37. Cf. n° 8-9, 384, p. 1-2, 511 et L. Declerck & M. Lamberigts, *Le rôle de l'épiscopat belge dans l'élection des commissions conciliaires en octobre 1962*, dans J. Leclercq (éd.), *La raison par quatre chemins. Hommage au Prof. Claude Troisfontaines*, Louvain-la-Neuve, 2005.

38. Cf. n° 243*bis* et 384, p. 14-15.

Signalons aussi qu'à la 2ᵉ session, Heuschen, qui était intervenu de façon remarquée lors de la 1ᵉ session sur le schéma *De Instrumentis Communicationis socialis*[39], fut chargé par l'épiscopat belge des relations avec la presse belge, tâche dont il se dessaisit, lors de la 3ᵉ session, au profit de Mgr Musty, évêque auxiliaire de Namur[40].

Pour être complet, il faut encore mentionner une intervention écrite de Heuschen à la 3ᵉ session au sujet du texte sur les Juifs[41] et des remarques écrites au sujet de la Liberté religieuse à la 4ᵉ session[42].

*

En parcourant ces archives et en lisant cette correspondance, deux questions peuvent venir à l'esprit:

1. Comment peut-on expliquer les critiques assez virulentes de Mgr Heuschen à l'égard de Paul VI?

En plusieurs endroits Heuschen exprime, sans fard, son énervement ou sa déception au sujet des interventions de Paul VI dans le travail conciliaire[43], ce qui peut de prime abord étonner de la part d'un homme fort attaché à la papauté et à Rome.

Bien sûr, la fatigue et l'épuisement nerveux ont joué: le rythme auquel on était soumis était inhumain et les interventions tardives et parfois inattendues du pape ne venaient que compliquer les choses et étaient à l'origine d'un travail et de tensions supplémentaires[44].

Mais il y avait aussi d'autres facteurs[45]:

1° Dans plusieurs cas, le pape exigeait que son intervention ne fût pas rendue publique. Le manque de temps et le secret demandé avaient comme conséquence que les commissions devaient faire preuve de beaucoup

---

39. Cf. *A. S.*, Vol. I, Pars III, p. 447.
40. Cf. n° 10, 20-32, 48-50, 400, 401, 412, 425, 441.
41. Cf. n° 244, 426.
42. Cf. *A. S.*, Vol. IV, Pars II, p. 186-187.
43. Voir par ex. n° 451, 455, 546, 554, 577.
44. Il ne faut pas oublier que, dans son diocèse, Heuschen était également chargé de mettre sur pied des structures pour une pastorale autonome dans la province du Limbourg et de préparer ainsi l'érection du nouveau diocèse de Hasselt. De plus, de janvier à mai 1964, il y eut la tension nerveuse au sujet de sa nomination éventuelle comme évêque de Gand. Heuschen avait été pressenti mais avait décliné la proposition. Cf. n° 414, 526, 531, 532.
45. Cf. l'intervention de A. PRIGNON au colloque de l'Istituto Paolo VI de Brescia dans *Paolo VI e il Rapporto Chiesa-Mondo al Concilio*, Brescia, 1991, p. 35-38.

d'imagination d'une part pour «ne pas découvrir la couronne» et d'autre part pour respecter le règlement du concile.

2° Souvent, même les membres des commissions ignoraient à quelles pressions de la «minorité» le pape était soumis. On a observé que, si la «majorité» manœuvrait par le biais du travail dans les commissions et dans l'*aula*, la «minorité», de son côté, misait surtout sur des interventions de l'entourage du pape.

3° Il était parfois difficile de savoir si les interventions du pape venaient de lui-même ou bien de son entourage. Et il n'était pas évident de mesurer l'importance que le pape lui-même attachait à ses interventions: était-ce une demande de discuter la question, une «suggestion», un ordre? Fallait-il intégrer *ad litteram* ses suggestions? Pouvait-on en discuter la formulation ou bien également le fond? N'agissait-il pas par délicatesse envers certaines personnes?

4° Il faut aussi constater que, pendant le concile, plusieurs évêques se sont mépris sur les conceptions doctrinales et théologiques de Paul VI. Ils savaient qu'il était un esprit ouvert et d'une immense culture. Cependant, ils ont dû constater que, sur plusieurs points doctrinaux, sa position était en retrait sur celle de la majorité des membres de la commission doctrinale. On pourrait signaler ici sa conception de la collégialité et de sa mise en pratique, ses idées sur le problème des deux sources de la Révélation et de l'historicité de l'Écriture sans oublier, bien sûr, sa position au sujet des moyens de contraception[46]. Avec perspicacité Y. Congar a écrit que Paul VI n'avait pas toujours la théologie de ses gestes (œcuméniques)[47].

2. *Comment peut-on expliquer l'influence surprenante exercée par Mgr Heuschen?*

En parcourant ces archives, on ne peut qu'être étonné et surpris de la grande influence, exercée sur le concile par un simple évêque auxiliaire, qui venait d'être sacré et qui n'était pas connu par d'importantes publications théologiques.

On pourrait attribuer cette influence à plusieurs facteurs:

1° Heuschen, doué d'une vive intelligence, avait acquis durant ses années de professorat une grande compétence dans le domaine exégétique

---

46. Il serait intéressant d'étudier pour tous ces sujets la position de Mgr C. Colombo, théologien «privé» du pape, qui avait la réputation d'un esprit ouvert parmi les «Italiens». Qui a influencé qui?

47. Cf. Journal Congar, II, p. 269 et 291.

et patristique[48]. De plus, ses dons de polyglotte (non seulement il maniait parfaitement le latin, mais il parlait couramment le néerlandais, le français, l'italien et l'allemand) l'ont grandement servi dans le travail conciliaire.

2° Il y avait aussi son esprit d'initiative et sa prodigieuse capacité de travail. On le voit engagé dans les préparatifs pour l'élection des commissions tout au début du concile. On constate qu'il propose des textes, souvent déjà élaborés en Belgique, à la commission doctrinale. On le voit présenter discrètement son aide au P. Tromp pour le traitement des *modi*, avant de tout prendre en main quelques semaines plus tard. Dans son travail il ne dédaignait pas les besognes plus humbles: trier des *modi*, dactylographier lui-même – avec un doigté extraordinaire – les stencils, faire fonction de «courrier» pour répandre les documents.

3° Heuschen savait organiser le travail, respecter les délais souvent très serrés et susciter la collaboration d'évêques et de *periti*. Mentionnons en premier lieu son amitié avec Mgr Philips, puis son travail en équipe avec ce qu'on a nommé – de façon assez imprécise – la *squadra belga*[49]. Même avec le P. Tromp, Heuschen parvient à nouer des relations amicales[50].

4° Heuschen avait, tout comme Philips, le sens de sa responsabilité ecclésiale et le sens du compromis. À chaque crise il cherche une solution médiane, qui respecte l'autorité du pape mais aussi la liberté et la légalité du concile. On peut le constater lors des vicissitudes de la *Nota Explicativa Praevia* en novembre 1964, ou à propos des problèmes autour du *De Revelatione* en octobre 1965, et surtout lors de la crise provoquée par les *modi* pontificaux dans le chapitre sur le mariage de *Gaudium et Spes*. Non sans raison, Mgr Dell'Acqua, substitut de la Secrétairerie d'État et homme de confiance de Paul VI, lui exprima le 29.11.1965 la reconnaissance du pape et lui dira: «Vous êtes un homme de bon conseil»[51].

*

On n'est donc pas surpris de voir qu'après le concile, en 1967, Mgr Heuschen ait été nommé premier évêque de Hasselt, mais aussi, prenant la

---

48. À la 2ᵉ intersession Heuschen corrige par ex. sur 5 points des citations de Pères de l'Église, erreurs commises par Mgr d'Ercole, professeur de l'Université du Latran. Celui-ci se fâche d'abord mais, en gentleman, il s'excuse le lendemain. Cf. n° 384, p. 5.

49. Pour le rôle de la *squadra belga* au concile, cf. L. DECLERCK, *De rol van de Squadra belga op Vaticanum II*, dans *Collationes* 32 (2002) 341-372.

50. Dans sa *Relatio* sur les travaux de la commission doctrinale, Tromp a justement écrit de Heuschen: «immensam molem laboris perfecit». Cf. n° 384, p. 25.

51. Cf. n° 578.

succession de Mgr Charue, évêque-membre de la Congrégation pour la Doctrine de la Foi.

Personne ne peut être étonné que Mgr Heuschen, déjà de santé fragile, ait vu sa santé se dégrader, de façon sérieuse, à partir de la fin de la 3ᵉ session. Lorsqu'à la fin de janvier 1970, après plusieurs mois de maladie, il offrit dans une audience privée, sa démission comme évêque de Hasselt au pape, celui-ci lui répondit cependant: «Vous connaissez très bien l'origine et la signification exacte de plusieurs textes conciliaires importants. Pour pouvoir les défendre avec autorité, vous devez être évêque résidentiel. Restez donc évêque de Hasselt, mais je veux bien vous donner un évêque auxiliaire»[52]. C'était un hommage plus que mérité que ce grand pape rendait à ce serviteur actif, intelligent, fidèle et discret de Vatican II.

2. État des archives

Les archives conciliaires de Mgr Heuschen comptent 581 pièces: 394 documents et 187 lettres.

Il semble évident que cette collection soit fort incomplète. Presque tous les documents officiels et les schémas imprimés du concile manquent. D'ailleurs Mgr Heuschen a affirmé à plusieurs reprises aussi bien au Prof. J. Grootaers qu'à nous-mêmes qu'il avait perdu ses papiers du concile lors d'un déménagement.

Toutefois en 2001, lors d'une visite à Hasselt au Salvatorhome, où il résidait, Mgr Heuschen nous a indiqué qu'une partie de ses papiers était déposée auprès du KADOC à Louvain et, le 3.9.2001, il nous a donné deux documents (Concilieherinneringen, De Amendementenslag, cf. n° 384, 385) et une série de 46 lettres. Le 3.10.2001 et fin novembre 2001, il nous a donné d'autres paquets de sa correspondance. Cependant, nous n'avons pas voulu garder ces lettres; après en avoir réalisé une photocopie, nous les avons restituées à Mgr Heuschen. Actuellement, elles se trouvent dans sa famille.

Les pièces d'archives inventoriées ici proviennent de 4 sources:
– les documents qui étaient conservés au KADOC, puis donnés au Centrum voor Conciliestudie Vaticanum II, Faculteit Godgeleerdheid, K.U.Leuven;
– la correspondance de Heuschen: deux séries de lettres, données à L. Declerck en 2001: une première série à sa famille (d'abord à sa

---

52. Quand, en 1989, Mgr Heuschen donna sa démission comme évêque de Hasselt, il évoqua, non sans émotion, cet épisode dans une lettre à Mgr R. Vangheluwe, évêque de Bruges (cf. Lettre du 19.12.1989, Archives L. Declerck). Voir aussi n° 384, page annexe.

maman[53] et à sa sœur[54], et après la mort de sa maman, à sa sœur; une autre série aux Mlles Paula et Maria Verjans, amies de la famille);
— les deux documents que Heuschen nous a remis en même temps que sa correspondance;
— quelques documents qui nous ont été transmis par le Prof. J. Grootaers (e. a. n° 358, 387) qui avait des contacts réguliers avec Heuschen.

Actuellement, tous ces papiers se trouvent au Centrum voor Conciliestudie Vaticanum II, Faculteit Godgeleerdheid, Katholieke Universiteit Leuven, Sint-Michielsstraat 6, B-3000 Leuven.

3. L'archivage

Pour l'archivage on a classé séparément les documents conciliaires et la correspondance.

1. Les documents conciliaires

Le classement s'est fait selon deux principes:

1° La chronologie

On a groupé les documents selon les périodes du concile: période pré-conciliaire, 1e session, 1e intersession, 2e session, 2e intersession, 3e session, 3e intersession, 4e session, période post-conciliaire.

2° Le contenu et la thématique

À l'intérieur de chaque période, on a classé les documents selon les constitutions, décrets et déclarations du concile et cela dans l'ordre chronologique de leur promulgation. Pour ces rubriques on a utilisé la dénomination latine courante à l'époque (par ex. *De Revelatione, De Ecclesia, De Ecclesia in mundo huius temporis*).
    Les *Generalia* contiennent:
— soit des documents concernant le concile en général.
— soit des documents qui se réfèrent à plusieurs schémas.

---

53. Maria Rubens (24.8.1875 – 16.6.1964), mariée à Jean Hubert Heuschen (25.1.1867 – 10.6.1931).
    54. Mariette Heuschen (6.1.1901 – 18.1.1998).

Les *Varia* contiennent des documents d'ordre secondaire ou qui n'ont qu'une relation lointaine avec le concile.

2. *La correspondance*

La première partie regroupe les lettres de Heuschen à sa famille (d'abord à sa maman et à sa sœur et, après le décès de sa maman, à sa sœur).

La deuxième partie regroupe les lettres adressées à P. et M. Verjans.

Cette correspondance a été classée chaque fois chronologiquement.

Comme on peut le constater, Heuschen écrivait pratiquement tous les deux jours. Il est très probable que cette collection ne soit pas complète. Elle est toutefois fort importante parce que ces lettres rendent l'atmosphère sur le vif (il est évident que Mgr Heuschen considérait ces lettres comme privées) et permettent de dater avec précision plusieurs événements du concile, surtout concernant le travail de la CFM.

Ces lettres étaient écrites en néerlandais dans un langage fort simple, car ses correspondantes n'étaient pas versées en théologie. On peut soupçonner que Heuschen, submergé de travail, écrivait ces lettres à la machine dans une grande hâte et sans se soucier du style ni parfois des nuances (par ex. il parle souvent *in globo* des «Italiens», des «Hollandais», des «gens de la curie», des «hommes du Saint-Office», sans apporter les nuances nécessaires).

De ces lettres nous avons traduit en français (et pour quelques lettres donné un bref résumé) uniquement les passages concernant le concile et la vie de l'Église.

Pour établir la chronologie ou pour identifier un document nous avons consulté plusieurs fonds d'archives et des travaux sur l'histoire du concile (voir e. a. *Sigles et abréviations*) et rédigé quelques notes, afin de rendre le texte plus intelligible.

4. **Précisions techniques**

Pour chaque document on mentionne le titre (ou la première phrase), l'auteur, la langue, la date et le nombre de pages. Si le document est manuscrit, on a ajouté ms. après le nom de l'auteur.

Si l'auteur d'un document est connu, il est toujours mentionné; si rien n'est indiqué, il est inconnu. Si la date est connue, elle est toujours mentionnée.

L'orthographe en latin n'est pas uniforme (par ex. *jus* et *ius*). On a suivi l'orthographe des documents, sans l'uniformiser.

Les *prénoms*: on a essayé, autant que possible, de toujours donner la première lettre du prénom, sauf pour des personnes qui reviennent constamment. On a également opté pour le prénom dans la langue d'origine, sauf dans le cas de mention dans les documents (où le prénom est souvent mentionné dans sa forme latine). Le texte cité est alors respecté.

Entre *parenthèses* ( ), on a mis des indications – en style télégraphique sauf pour la correspondance, où il s'agit presque toujours de traductions littérales – sur le contenu des documents, surtout pour les lettres.

Entre *crochets* [ ], on a placé des indications techniques et historiques concernant le document.

Si une lettre est accompagnée d'un document ou d'une note, il y est ajouté (+). De même si la lettre a reçu une réponse (+).

*

En terminant ces notes d'introduction, il nous reste le devoir de remercier plusieurs personnes qui ont contribué à l'édition de cet inventaire:

Mr le Prof. M. Lamberigts, doyen de la Faculté de Théologie de la Katholieke Universiteit Leuven, qui a mis ces archives à notre disposition et nous a guidé dans notre travail;

Mr le Prof. J. Grootaers, qui nous a prodigué des conseils précieux;

MM. les Prof. A. Haquin, Cl. Soetens et Cl. Troisfontaines, de l'Université Catholique de Louvain (Louvain-la-Neuve) qui ont bien voulu revoir la traduction française de la correspondance;

MM. K. Schelkens (assistant à la Faculté de Théologie, K.U. Leuven) et L. Figoureux (Université Charles de Gaulle, Lille 3) qui ont aidé à la correction des épreuves.

SIGLES ET ABRÉVIATIONS

A. A. S.	Acta Apostolicae Sedis
all.	allemand
angl.	anglais
A. S.	Acta Synodalia
card.	cardinal
CCVII	Centrum voor Conciliestudie Vaticanum II, Faculteit Godgeleerdheid, Katholieke Universiteit Leuven.
CFM	Commissio de doctrina Fidei et Morum (commission doctrinale)
esp.	espagnol
ETL	Ephemerides Theologicae Lovanienses
FConc. Suenens	L. DECLERCK & E. LOUCHEZ, *Inventaire des Papiers conciliaires du cardinal L.-J. Suenens*, Louvain-la-Neuve, 1998
F. De Smedt	A. GREILER & L. DE SAEGER (éd.), *Emiel-Jozef De Smedt, Papers Vatican II, Inventory*, Leuven, 1999
F. Döpfner	G. TREFFLER & P. PFISTER (éd.), *Julius Kardinal Döpfner. Archivinventar der Dokumente zum Zweiten Vatikanischen Konzil*, Regensburg, 2004
F. Heylen	Archives de V. Heylen, Centrum voor Conciliestudie Vaticanum II, Faculteit Godgeleerheid, Leuven
F. Laurentin	Robert SUIRE & Anne-Marie ABEL, *Inventaire du Fonds René Laurentin*, tome I et II, Paris, 2002
F. Philips	L. DECLERCK & W. VERSCHOOTEN, *Inventaire des Papiers conciliaires de Monseigneur Gérard Philips, Secrétaire adjoint de la commission doctrinale*, Leuven, 2001
F. Prignon	J. FAMERÉE, *Concile Vatican II et Église contemporaine* (Archives de Louvain-la-Neuve), IV, *Inventaire des Fonds A. Prignon et H. Wagnon*, Louvain-la-Neuve, 1991
F. Suenens B. C. et H. V.	Fonds Suenens, Archives au sujet de la question du «Birth Control» et de l'encyclique «Humanae Vitae»
fr.	français
it.	italien
Journal Charue	L. DECLERCK & Cl. SOETENS (éd.), *Carnets conciliaires de l'évêque de Namur A.-M. Charue*, Louvain-la-Neuve, 2000
Journal Congar	Y. CONGAR, *Mon Journal du Concile*, éd. par É. MAHIEU, t. I et II, Paris, 2002
Journal Philips	non édité. Cf. L. DECLERCK & W. VERSCHOOTEN, *Inventaire des Papiers conciliaires de Monseigneur*

	Gérard Philips, Secrétaire adjoint de la commission doctrinale, Leuven, 2001, p. 5: «Le Journal conciliaire de G. Philips».
Journal Prignon	L. DECLERCK & A. HAQUIN (éd.), *Mgr Albert Prignon, Recteur du Pontificio Collegio Belga, Journal conciliaire de la 4ᵉ Session,* Louvain-la-Neuve, 2003
lat.	latin
Mgr	Monseigneur
ms., mss	manuscrit, manuscrits
nl.	néerlandais
s. d.	sans date
TPV	Typis Polyglottis Vaticanis

I. DOCUMENTS

ANTECONCILIUM

1 Lettre [ronéotypée] de E. Forni, fr., 31.1.1962, 1 p. (le nonce apostolique envoie la Bulle d'indiction du concile et une circulaire de la commission d'organisation technique).

2 Lettre [ronéotypée] de S. Asta à Heuschen, fr., 16.4.1962, 1 p. (le chargé d'affaires a. i. de la nonciature communique à Heuschen les dispositions en vigueur pour les évêques qui ne pourraient se rendre au concile œcuménique).

[les deux lettres qui précèdent ont probablement été envoyées plus tard à Heuschen, qui n'est nommé évêque auxiliaire de Liège que le 25.7.1962 et qui fut sacré le 21.9.1962].

3 *Le Laïc dans l'Église, Une rencontre importante des jeunes intellectuels flamands à Heverlee* (Louvain, les 19 et 20 mai 1962), fr., 10 p. (traduction d'un article paru dans *De Maand*, juin-juillet 1962).

4 Lettre [ronéotypée] de A. Magnoni à Heuschen, fr., 7.8.1962, 1 p. (le chargé d'affaires a. i. de la nonciature transmet une communication de Cicognani).

5 + Lettre circulaire de H. J. Cicognani, lat., 23.7.1962, 1 p. (le Secrétaire d'État envoie la première série des schémas du concile; il demande de les étudier: on peut consulter deux experts).

6 + Abiti per il Concilio Ecumenico Vaticano II, it., s. d., 1 p. (les habits à porter au concile).

7 Une note ronéotypée de la nonciature de Bruxelles, fr., 30.8.1962, 1 p. (des spécifications au sujet des habits à porter au concile).

Ia SESSIO

Generalia

8 Commissio de doctrina fidei et morum, lat., s. d., 4 p. (document avec des noms de candidats pour l'élection des commissions conciliaires, à dater du 12.10.1962, rédigé par De Smedt et Heuschen et ronéotypé au collège belge; avec des noms mss ajoutés par Heuschen; même document F. De Smedt 521).

9   Addendum. Ut compleantur propositiones factae…, E. J. De Smedt, ms., lat., s. d., 3 p. (liste faite par De Smedt et dactylographiée par Heuschen, cf. pour la version dactylographiée F. De Smedt 515, datée du 15.10.1962).

De Instrumentis Communicationis socialis

10 Eminentissime Praeses, Venerabiles Patres, Schema constitutionis de Instrumentis Communicationis…, J. M. Heuschen, lat., s. d., 3 p. (projet de son intervention *in aula*, le 23.11.1962) [avec des notes mss Heuschen].

De Ecclesia

11 Schema Constitutionis De Ecclesia. Intentum. Rogantibus pluribus Patribus…, G. Philips, lat., s. d., 13 p. (projet d'un nouveau schéma *De Ecclesia*, rédigé par Philips, cf. F. Philips 422, à dater d'avant le 27.10.1962).

12 Christ doit se dire «propre, ordinaire et immédiat», G. Philips, fr., s. d., p. 14-17 (une nouvelle version – incomplète – du schéma Philips; cf. F. Philips 434; à dater de fin novembre-début décembre 1962).

De Revelatione

13 De oecumenicitate schematum commissione [sic] theologicae propositorum, E. J. De Smedt, lat., 19.11.1962, 4 p. (projet de l'intervention de Mgr De Smedt au sujet du *De Fontibus Revelationis*, tenue *in aula* le 19.11.1962; avec beaucoup de corrections mss de De Smedt).

14 Note sur le Schéma du Concile Vatican II touchant le De Revelatione et Scriptura, B. Rigaux, fr., s. d., 9 p.

15 Animadversiones generales circa Schemata 1um et 2um «De Fontibus Revelationis et de Deposito Fidei pure custodiendo», A quodam coetu Patrum Americae Latinae propositae, lat., s. d., 2 p. (le schéma doit être refait).

Ia INTERSESSIO

De Ecclesia

16 De Ecclesia, Nova ordinatio capitum, G. Philips, lat., s. d., 6 p. (nouvelle structure du *De Ecclesia*, après la décision de la commission de coordination du 3-4.7.1963 concernant la nouvelle place du chapitre De Populo Dei, cf. F. Philips 791 et 792).

De Revelatione

17 Note de Travail sur la doctrine des «Sources» au Concile de Trente, J. Ermel, fr., s. d., 40+1+7 p. [probablement de la 1ᵉ Intersession; même document FConc. Suenens 1174].

De Ecclesia in mundo huius temporis

18 Adumbratio Schematis XVII. De activa Praesentia Ecclesiae in mundo aedificando, G. Philips, lat., s. d., 12 + 1 p. («le texte dit de Malines», même document F. Philips 878, où il est daté du 22.9.1963).

19 Caput V. De ordine oeconomico et de iustitia sociali, lat., s. d., p. 38-66 (les chapitres V et VI, probablement rédigés pendant la 1ᵉ intersession; cf. F. Philips 848).

IIa SESSIO

Generalia

[Dès la 2ᵉ session Heuschen a été chargé par les évêques belges des relations avec la presse et les journalistes belges: il doit informer les agences de presse belges: Belga et l'agence catholique CIP. Pour l'agence CIP il avait l'intention de rédiger chaque semaine un aperçu général. Cf. Correspondance, nᵒ 400, 29.9.1963. Les archives contiennent quelques documents qui témoignent de cette activité de Heuschen pour la presse].

20 «Hebt u, Monseigneur, geen enkele pittoreske bijzonderheid...», J. M. Heuschen, nl., s. d., 1 p. (un extrait d'une interview de Heuschen au journaliste de la radio K. Goris; du 30.9.1963, cf. Correspondance, nᵒ 401, 30.9.1963).

21 «Welk is uw indruk over deze eerste zitting», J. M. Heuschen, nl., 30.9.1963, 1 p. (probablement la suite de cette même interview).

22 Belgische Bisschoppen gunstig gezind voor aanvaardbaarheid van Schema over «De Kerk», nl., 30.9.1963, p. 7-8 (Extrait des notices ronéotypées de l'agence CIP).

23 Notices CIP [Centre pour Information à la Presse], nr 253, nl., 1.10.1963, 9 p. (avec des nouvelles sur le concile, p. 6-9).

24 «De eerste week van de nieuwe zittijd van het Tweede Vaticaans Concilie...», J. M. Heuschen, s. d., 2 p. (un texte pour l'agence CIP; cf. Correspondance

Verjans, n° 519, 28.9.1963 et Correspondance, n° 402, 2.10.1963 où il écrit qu'il va donner ces feuilles à CIP le lendemain).

25 + Notices CIP n° 236, fr. et nl., 7.10.1963, 4 p. [incomplet] (reprise et traduction française du texte précédent de Heuschen; pour la traduction française cf. Correspondance, n° 405, 6.10.1963).

26 «Il avait été dit dans l'aula que l'on ne trouvait pas...», J. M. Heuschen, fr., s. d., 2 p. (un communiqué de presse fait par Heuschen au sujet des interventions *in aula* de De Smedt [7.10.1963], de Charue [8.10.1963] et de Heuschen [8.10.1963]).

27 «Son Éminence le Cardinal Suenens a fait, hier soir...», J. M. Heuschen, fr., s. d., 1 p. (texte d'un communiqué de presse au sujet d'une conférence de Suenens aux évêques de l'ex-Congo belge, le 8.10.1963).

28 «Le schéma conciliaire consacre un paragraphe...», J. M. Heuschen, fr., s. d., 1 p. (communiqué de presse au sujet de l'intervention de Suenens sur le diaconat, 8.10.1963) [avec des notes mss de Suenens].

29 + «Le schéma conciliaire consacre un paragraphe...», J. M. Heuschen, fr., s. d., 1 p. (une autre version amplifiée du texte précédent).

30 «Hulpbisschop van Luik presideerde in Belgisch Kollege...», fr., 10.10.1963, p. 5 (notice de l'agence CIP).

31 «Le dimanche 13 octobre, le Cardinal Suenens...», J. M. Heuschen, fr., s. d., 1 p. (communiqué de presse au sujet d'une messe du cardinal Suenens le 13.10.1963 pour les journalistes accrédités du concile) [avec une note ms. Suenens] + double.

32 Interview over het Tweede Vaticaanse Concilie. Met Monseigneur J. M. Heuschen, Hulpbisschop van Luik, nl., 3.11.1963, 7 p. + 1 p. ms. de Heuschen.

De Ecclesia

33 Necessitas maioris collegialitatis, E. J. De Smedt, lat., 7.10.1963, 4 p. (intervention *in aula*).

Intervention de Heuschen in aula, 8.10.1963
[pour le texte de cette intervention, cf. *A. S.*, Vol. II, Pars II, p. 331-333 et Correspondance, n° 403-408, 3, 5, 6, 7, 8, et 9 octobre 1963 et Correspondance Verjans, n° 420-421, 4 et 8 octobre 1963.]

34 Matériel pour une intervention sur les Apôtres comme «fondements», fr., s. d, 1 p. (des textes patristiques) [selon la note ms., de Moeller, qui a travaillé pour Heuschen].

35 Dubium motum est utrum in Traditione…, J. M. Heuschen, lat., s. d., 2 p. (avec de nombreuses corrections mss de Heuschen).

36 Dubium motum est utrum in Traditione…, J. M. Heuschen, lat., s. d., 7 p. (le texte ronéotypé où les corrections du document précédent sont intégrées).

37 Dubium motum est utrum in Traditione…, J. M. Heuschen, lat., s. d., 4 p. (le texte précédent avec de nouvelles corrections et ajouts mss de Heuschen).

---

38 Caput II: De Populo Dei, P. Sauras, lat., 25.11.1963, 2 p. (le rapport de la sous-commission II).

39 + De Populo Dei (Caput II) Rationes propter quas Caput «De Populo Dei» immediate post Caput I «De Mysterio Ecclesiae» ponendum aestimantur, lat., 15.10.1963, 2 p. [selon le F. Philips 980-981, de Philips et du 14.10.1963].

Textes relatifs au travail de la Subcommissio Va pour le De Ecclesia

[Pendant la 2e session la commission doctrinale a érigé différentes sous-commissions pour retravailler le texte du *De Ecclesia*. La sous-commission V a retravaillé le texte *De collegio et ministeriis Episcoporum*. Après l'élection par l'assemblée de Heuschen – résultat rendu public le 29.11.1963 – comme membre de la CFM, celui-ci participe au travail de la sous-commission V.
La sous-commission V a travaillé pendant le mois de novembre 1963 durant la 2e session, mais aussi en décembre, janvier et février 1964. Il est possible que les documents de la sous-commission, rédigés pendant la 2e session, n'aient été remis à Heuschen qu'après la 2e session, quand il fut officiellement membre de la CFM.]

40 Relatio de Animadversionibus Patrum circa doctrinam de infallibilitate, H. Betti, lat., 15.11.1963, 8 p.

41 Addenda. de Animadversionibus Patrum circa doctrinam de magisterio in genere Const. dogm. «De Ecclesia» (Cap. II, nn. 18-19), C. Colombo, lat., 20.11.1963, 3 p.

42 Relatio de Collegio episcopali, K. Rahner, lat., nov. 1963, 32 p.

43 Relatio subcommissionis quintae. De Collegio Episcoporum, in ordinem redacta a P. Salaverri S. J., lat., 23.11.1963, 27 p. [document signé par Maccarrone, Ratzinger, Rahner et Salaverri] + double.

44 Relatio de Animadversionibus Patrum circa numerum «De Episcoporum munere regendi», O. Semmelroth, lat., 1.12.1963, 5 p.

45 16 [De Collegio Episcoporum eiusque Capite], lat., s. d., 12 p. (nouveau projet de texte, élaboré par la sous-commission V, pour les n° 16 – 21).

De Libertate religiosa

45*bis* Caput V. De libertate religiosa, lat., s. d., 6 p. (un projet de texte).

45*ter* Following is the text of the address made by Bishop Emile-Joseph De Smedt…, angl., s. d. [l'intervention de De Smedt date du 19.11.1963], 8 p.

Varia

46 Divina Liturgia juxta Ritum Ecclesiae Syro-Antiochenae, lat., 8.10.1963, 7 p. (texte d'une messe au concile).

47 G. Philips, *Christen in alles. Bij het godsdienstig jaarthema voor 1963-64*, nl., s. d., 11 p. (un article de Philips – tiré à part – avec dédicace ms. Philips).

IIa INTERSESSIO

Generalia

Quelques textes de Heuschen pour la presse

48 «…dit aan de Vaders mee. Ze kennen nu elkaar…», J. M. Heuschen, nl., s. d., p. 2-5 (texte incomplet d'une interview de Heuschen: un bilan de la 2ᵉ session).

49 «Is het Concilie een zaak van heel de Kerk», J. M. Heuschen, nl., s. d., 1 + 4 p. (texte d'une interview de Heuschen au sujet de la 2ᵉ session).

50 V. De Collegialiteit, J. M. Heuschen, nl., s. d., p. 7-9 (un extrait d'une interview de Heuschen au sujet de la 2ᵉ session).

51 Lettre [copie] de Mgr A. M. Charue à J. M. Heuschen, fr., s. d., 1 p. (Charue adresse ses vœux à Heuschen – pour la fête de saint Joseph

du 19 mars 1964: «De Rome où je fus tellement heureux de passer deux semaines avec vous 'in communione vitae laboris et charitatis'»).

52 Lettre circulaire de P. Felici, lat., 11.5.1964, 1 p. (il envoie quelques schémas aux évêques, à discuter lors de la 3ᵉ session).

53 «Les soussignés, présidents et responsables des Œuvres d'Apostolat…», fr., 30.6.1964, 5 + 2 p. (des responsables d'Action catholique francophones belges envoient quelques réflexions – en rapport avec le concile – aux évêques).

54 + Projet de Lettre à NN. SS. les Évêques à propos du Concile, fr., 25.5.1964, 4 p. (lettre provenant du Conseil général des Œuvres d'Apostolat) + double.

55 Lettre circulaire de P. Felici, lat., 7.7.1964, 1 p. (il envoie d'autres schémas).

56 + Additamenta ad ordinem Concilii Oecumenici Vaticani II celebrandi, P. Felici, lat., 2.7.1964, 1 p. (quelques changements dans l'Ordo du concile).

57 + Sanctissimus Dominus Noster Paulus VI…, H. Cicognani, lat., 3.7.1964, 1 p. (il communique la date du début de la 3ᵉ session).

58 Lettre de R. Betate à Heuschen, fr., 7.9.1964, 2 p. (il fait un plaidoyer pour la création de conseils paroissiaux).

Documents relatifs au travail de la CFM

59 Lettre (ronéotypée) de H. Cicognani à A. Ottaviani, it., 23.1.1964, 1 p. (des directives de la commission de coordination au sujet du *De Ecclesia* et du *De Revelatione*).

Documents concernant la *Qualificatio theologica*
[le 6.3.1964, la CFM a tenu une discussion à ce sujet; cf. F. Philips 1184-1188].

60 Observatio Secretarii Commisssionis doctrinalis de Qualificatione Theologica, S. Tromp, lat., 16.1.1963 [sic = 1964], 5 p.

61 Ia formula. Ratione habita moris conciliaris, lat., s. d., 1 p. [avec des notes mss Heuschen].

62 + même document avec des notes mss Philips.

63 + même document avec les corrections de Philips intégrées.

64 Ratione habita moris conciliaris…, lat., s. d., 1 p.

65 + Formula de Qualificatione Doctrinae conciliaris, lat., s. d. [selon le F. Philips 1186 du 6.3.1964; cf. Journal Charue, p. 162], 1 p. (le texte précédent ronéotypé par la CFM).

De Ecclesia

[Pour l'histoire de la nouvelle rédaction du *De Ecclesia*, cf. F. Philips, p. 115-116.

Il faut noter que Heuschen est membre de la sous-commission V (cf. *Concilieherinneringen*, n° 384, p. 4). Il travaille surtout sur le chapitre sur la hiérarchie (d'abord chapitre II, devenu chapitre III, après l'introduction du nouveau chapitre II De Populo Dei). Cette sous-commission se réunit à partir du 20 janvier 1963.

Il est aussi actif dans la sous-commission dite «biblique» qui doit contrôler les références bibliques.

Après le travail des sous-commissions, Philips rédige la nouvelle version du texte en février 1964 et donne de nouveaux numéros au texte. Il faut aussi tenir compte du fait que la numérotation des chapitres change encore.

En mars 1964, il y a la réunion plénière de la CFM, où l'on discute le nouveau schéma: textes, rédigés par les sous-commissions et mise au point par Philips en février 1964. Après la réunion plénière de la CFM en mars, Philips retravaille les textes et vers la mi-avril le «Textus propositus post discussiones Mart. 1964», TPV, est imprimé; cf. F. Philips 1193.

Il ne nous a pas toujours été possible de savoir exactement si certains documents sont discutés soit à la réunion des sous-commissions (janvier) soit à la réunion générale de la commission (mars). De plus il se pourrait que Heuschen a aidé Philips dans les nouvelles rédactions, faites à Louvain, vers la mi-février 1964, et aussi fin mars – début avril 1964.

Après quelques Generalia, on a classé les documents selon les chapitres et numéros. Il faut tenir compte du fait que les numéros des paragraphes et des chapitres changent plusieurs fois pendant la 2e intersession].

Generalia

66 Schema Constitutionis dogmaticae De Ecclesiae, Pars I, TPV, lat., 22.4.1963, 46 p. [ce texte imprimé contient beaucoup de corrections mss de Heuschen au sujet du chapitre sur la hiérarchie, probablement faites lors des discussions en janvier – mars 1964].

67 Ordo Rerum, lat., s. d., 1 p. (une feuille indiquant un nouvel ordre des chapitres du *De Ecclesia*).

68 Texte de la conférence prononcée par Mgr Philips à la réunion du C.G.O.A. du 12 mai 1964, sur les Chapitres II et IV de la Constitution *De Ecclesia*, fr., 13 p.

Sous-commission biblique

69 Textes bibliques pour le «de Ecclesia», A. M. Charue, fr., 12.2.1964, 2 p.
    [avec des notes mss Heuschen; cf. F. Philips 1198-1199].

Caput II. De Populo Dei

70 10. Populus Dei sub ductu Magisterii…, J. M. Heuschen, ms., lat., s. d.,
    1 p. (une feuille avec des notes mss de Heuschen, probablement prises pen-
    dant les discussions à la CFM).

71 Caput II: De Populo Dei, lat., s. d., 2 p. (des remarques sur le texte de ce
    chapitre).

72 Caput II: De Populo Dei, Novum Foedus Novusque Populus (n. 9 olim nn.
    2-3), lat., 18.2.1964, 2 p. (nouveau projet de texte avec les Relationes).
73 + Relatio, lat., s. d., 2 p.

74 De Sacerdotio universali (n. 10 olim n. 24 par. 1), lat., s. d., 1 p.
75 + Relatio, A. Sauras, lat., s. d., 3 p.

76 De Exercitio sacerdotii communis in sacramentis (n. 11 olim n. 24 par. 2),
    lat., s. d., 2 p.
77 + Relatio, lat., s. d., 2 p.

78 De Sensu fidei et charismatibus in populo christiano (n. 121 olim n. 24 par.
    5-8), lat., s. d., 1 p.
79 + Relatio, lat., s. d., 3 p.

80 De universalitate seu catholicitate unius populi Dei (n. 13 – nova paragra-
    phus), lat., s. d, 2 p.
81 + Relatio, lat., s. d., 2 p.

82 De Fidelibus catholicis (n. 14 – olim n. 8), lat., s. d., 1 p.
83 + Relatio, lat., s. d., 3 p.

84 De nexibus Ecclesiae cum christianis non-catholicis (n. 15 – olim n. 9), lat.,
    s. d., 1 p.
85 + Relatio, lat., s. d., 3 p. (*relatio* faite sur la base des notes de
    J. Witte).

86 De non-christianis (n. 16 – olim n. 10), lat., s. d., 1 p.
87 + Relatio, lat., s. d., 2 p.

88 De indole missionaria Ecclesiae (n. 17 – nova paragraphus), lat.,
    s. d., 1 p.
89 + Relatio, lat., s. d., 1 p.

90 10. De sacerdotio universali, lat., s. d., 2 p. (des projets de textes pour les n° 10 et 11) [les chiffres mss sont de Philips]).

91 10. (olim n. 24 par. 1) (de sacerdotio universali), lat., s. d., 1 p. (un projet de texte) [notes mss de Heuschen].

92 Subcomm. 2a loco textus recepti n. 15 (olim n. 9) sequentem proponit, lat., s. d., 1 p. (un projet de texte).

Caput III. De constitutione hierarchica Ecclesiae et in specie de Episcopatu [autrefois le chapitre II]

Generalia

Caput II. De Constitutione hierarchica Ecclesiae et in specie: De Episcopatu, lat., s. d. (des projets de plusieurs numéros du texte avec quelques Relationes; notes mss Heuschen):

93 n. 11, 2 p.
94 n. 12, 1 p.
95 n. 13, 4 p.
96 n. 14, 3 p.
97 n. 16, 3 p. (propositions de Rahner).
98 des amendements du texte pour les n. 17, 18, 19,20, 21, 3 p. + 2 doubles.

99 Animadversiones quaedam ad Cap. III (olim II) Schematis reformati «De Ecclesia», lat., s. d., 4 p.

100 Venerabiles Patres, Cum ad schema aptandum in Commissione doctrinali…, P. Parente, lat., s. d., 6 p. (un projet de la relatio à présenter *in aula*).

101 Animadversiones in Cap. III De Ecclesia, H. Lattanzi, lat., s. d., 31 p.

102 Caput III. De constitutione hierarchica Ecclesiae et in specie de Episcopatu. n. 18, lin. 1-2, lat., s. d., 3 p. (des amendements).

103 N. 13 Quapropter Apostoli…, lat. et fr, s. d., 1 p. (des amendements pour les numéros anciens 13 et 15) + 4 doubles.

104 une liasse de feuilles volantes, J. M. Heuschen, ms., lat. et fr., 9 + 7 feuilles (des recherches de Heuschen concernant des citations scripturaires et patristiques pour le texte) [c'est à ces feuilles que Heuschen fait probablement allusion dans ses *Concilieherinneringen*, n° 384, p. 4].

105 Momenti essenziali nella formazione di una dottrina sulla giurisdizione universale dei vescovi, it., s. d., 52 p. [avec une note ms. de Moeller].

106 + Torquemada…, J. M. Heuschen, ms., s. d., 1 p. (des notes de lecture de Heuschen au sujet du texte précédent).

n° 18 (olim 11) et n° 19 (olim 12)

107 18. (olim n. 11) /Prooemium/…, lat., s. d., 6 p. (les nouveaux textes des n° 18 et 19 + la Relatio).

n° 20 (olim 13)

108 Ecclesia, quatenus fundata cum charactere institutionali…, lat., s. d., 1 p. (un projet de texte avec des notes mss Philips).

109 + le même texte avec des notes mss de Heuschen et de Lécuyer [cf. Journal Congar, II, 5.3.1964, p. 36: «Le soir, après dîner, au Collège belge avec le P. Lécuyer et Mgr Onclin, on discute de la rédaction corrigée par Mgr Heuschen du § sur la succession apostolique. Discussion UTILE»].

110 De Episcopis successoribus Apostolorum (n. 20 olim n. 13), lat., 9.2.1964, 1 + 3 p. (nouveau projet de texte et la Relatio).

111 N. 20 (olim n. 13) (De Episcopis successoribus Apostolorum), lat., s. d., 1 p. (projet amendé) [machine à écrire de Heuschen].

112 N. 20 Textus a Subcommissione Biblica Propositus, lat., s. d., 2 p. (nouveau projet) [notes mss Heuschen].

113 + N. 20. Relatio super textum novum a subcommissione Biblica propositum, lat. s. d., 1 p. [notes mss Heuschen, cf. Correspondance Verjans, n° 528-529, 2.3.1964, et 9.3.1964].

114 N. 20 (olim n. 13) De Episcopis successoribus Apostolorum, lat., s. d., 1 p. (nouveau projet) [machine à écrire de Heuschen; notes mss Philips et Heuschen] + double.

115 Missio illa divina, a Christo…, J. M. Heuschen, lat., s. d., 1 p. (une nouvelle variante du texte avec des notes mss de Heuschen et de Philips).

116 N. 20 (Olim n. 13) De Episcopis successoribus Apostolorum (Textus ab unitis Subcomm. Tertia et Biblica propositus), lat., s. d., 2 p. (nouveau projet de texte + la Relatio, rédigée par J. d'Ercole) [notes mss Heuschen, cf. Correspondance, n° 421 et 423, 8.3.1964 et 11.3.1964].

[les 6 numéros précédents sont classés dans leur ordre chronologique: rédactions successives du texte].

n° 21 (olim 14)

117 De Episcopatu ut Sacramento (n. 21 olim n. 14), lat., 9.2.1964, 3 p. (le nouveau texte de la sous-commission).
118 + Relatio, Lécuyer, lat., s. d. [mais du 9.2.1964], 3 p.

119 Lettre de G. Thils à J. M. Heuschen, fr., 16.2.1964, 2 p. (il attire l'attention sur les manques du nouveau texte de la sous-commission au sujet de la consécration épiscopale et de ses effets et il envoie une longue note) [pour l'activité de Thils à ce sujet, cf. F. Philips 1291 et 1292].
120 + De Consecrationis episcopalis effectibus (De Ecclesia, n. 14), G. Thils, lat., s. d., 16 p.

121 Extrait in extenso de la Relatio accompagnant le texte actuel, tel qu'il sera présenté en mars prochain, G. Thils, lat., s. d. [mais après le 9.2.1964], 1 p. (critiques de Thils).

122 I. Premier groupe de réflexions, G. Thils, fr., s. d., 3 p. (critiques de Thils: tous les pouvoirs épiscopaux sont liés à la consécration).

123 Consecratio episcopalis totalitatem potestatis Ecclesiae confert electo..., J. M. Heuschen, ms., lat., s. d., 1 p. (des textes patristiques pour étayer cette thèse).
124 + même texte dactylographié, lat, s. d., 2 p. + double.

125 De Episcopatu ut Sacramento ... Episcopali autem consecratione..., lat., s. d., 1 p. (feuille volante avec un morceau de texte) [note ms. Heuschen].

126 De Ecc.sia c. 3 Ad n. 21, l. 19, Docet autem S. Synodus..., lat., 7.3.1964, 1 p. (proposition de texte; notes mss Heuschen) [selon le Journal Congar, II, 7.3.1964, p. 39, texte de Parente et de Doumith].

127 Communio autem, de qua agitur, est notio..., lat., s. d., 1 p. (une explication du nouveau texte – après la discussion en mars 1964 – e. a.: Commissio, fere unanimi consensu, statuit ut scribatur «in hierarchica communione») [cf. *Concilieherinneringen*, n° 384, p. 4 où Heuschen dit qu'il est l'auteur de cette expression].

n° 22 (olim 16)

128 16. [De Collegio Episcoporum eiusque Capite], lat., s. d., 2 p. (projet de texte) + double [avec des notes mss de Heuschen].
129 + Relatio, H. Betti, lat., 8.12.1963, 2 p. + double.

130 De Collegio Episcoporum eiusque Capite (n. 22 – antea n. 16), lat., s. d., 1 p. (version ronéotypée du texte précédent, mais avec quelques légères modifications).

131 + Relatio, H. Betti, lat., 8.12.1963, 2 p.

132 Animadversiones ad Relationem Subcommissionis quintae De Collegio Episcoporum… (A. V. 27.1.1963), H. Schauf, lat., 19.12.1963, 5 p.

Remarques de Heuschen sur ce numéro

[Cf. F. Philips 1256 (lettre de Heuschen à Philips, 12.1.1963) et 1295; les remarques de Heuschen se réfèrent au texte photocopié, non au texte polycopié qui a un autre interligne. Les documents sont classés chronologiquement. Voir aussi Correspondance Verjans, n° 526, 20.1.1964].

133 In linea 18, p. 2 modificatio inducta est…, J. M. Heuschen, lat., s. d., 1 p. (un amendement).

134 De quibusdam Observationibus in textum n. 16, prout in subcommisione hucusque emendatum, J. M. Heuschen, lat., s. d., 2 p. [notes mss Heuschen].

135 + double [avec notes mss Heuschen].

136 De quibusdam Observationibus in textum N. 16 prout in subcommissione hucusque emendatum, J. M. Heuschen, lat., s. d., 2 p. (2ᵉ version légèrement modifiée du texte précédent) [notes mss Heuschen].

137 + le même texte, autre dactylographie, J. M. Heuschen, lat., s. d., 4 p. + double.

138 De quibusdam Observationibus in textum n. 16 (nunc n. 22) prout in subcommissione hucusque emendatum, J. M. Heuschen, lat., février 1964, 3 p. (le texte de Heuschen ronéotypé par la CFM).

139 Adnotatio in textum noviter propositum Schematis De Ecclesia, Parte I, Cap. II, par. 16 (De Collegio episcopali eiusque Capitis), M. Browne, lat., 12.2.1964, 3 + 1 p.

140 S. Gregorii Magni Liber Sacramentorum, lat., s. d., 1 p. (trois citations de textes patristiques et liturgiques au sujet des termes collegium, corpus).

141 Formula «independenter a Romano Pontifice exerceri nequit»…, lat., s. d., 1 p. (une explication de cette formule).

n° 23 (olim 17)

142 Relatio de Animadversionibus Patrum circa N.um 17 (Cap. II De Ecclesia), J. Ratzinger, lat., s. d., 4 p.

143 17. De Relationibus Episcoporum in Collegio, lat., s. d., 2 p. (des changements adoptés dans le texte).

144 17. [De Relationibus Episcoporum in Collegio], lat., s. d., 2 p. (projet de texte).

145 De Relationibus Episcoporum in Collegio (n. 23 – antea n. 17), lat., s. d., 1 p. (nouveau texte de la sous-commission).

146 + Relatio, H. Betti, lat., 28.1.1964, 2 p.

147 N. 17 p. 28 l. 7: «in quibus et ex quibus…», J. M. Heuschen, lat., s. d., 2 + 1 p. (des suggestions de Heuschen – après le texte du 28.1.1964) + double.

148 Ut emendationibus a S. B. Maximos IV cum 29 episcopis…, lat., s. d., 1 p. (une suggestion au sujet des patriarcats faite e. a. par Moeller. Le texte ajouté, écrit au crayon par Heuschen, est passé dans le texte définitif de *Lumen Gentium* [pour la date, cf. Journal Charue, 7.3.1964, p. 162]).

149 In textu nostro optime dicitur…, J. M. Heuschen, lat., s. d., 1 p. (des amendements).

150 Episcopi omnes, quatenus mediatores…, J. M. Heuschen, lat., s. d., 1 p. (un amendement).

n° 24 (olim 18)

151 Relatio De Animadversionibus Patrum circa numerum «De Episcoporum ministeriis», O. Semmelroth, lat., 25.12.1963, 5 p.

152 Nr 18: De Episcoporum ministeriis, O. Semmelroth, lat., 21.1.1964, 3 p. (des changements à apporter au texte).

153 18. [De Episcoporum Ministerio], lat., s. d., 1 p. (le nouveau texte).

154 De Episcoporum Ministerio (A) (n. 24 – antea n. 18), lat., s. d., 1 p. (le nouveau texte ronéotypé).

155 + Relatio, H. Betti, lat., 28.1.1964, 1 p.

n. 25 (olim 19)

156 N. 19: De Episcoporum munere docendi, lat., s. d., 2 p. (des amendements; notes mss Heuschen).

157 19. De Episcoporum munere docendi, lat., s. d., 3 p. (des amendements au texte; notes mss Heuschen).

158 C. II n. 19 Quare definitiones…, lat., s. d., 1 p. (amendement au sujet de l'infaillibilité; notes mss Heuschen).

159 p. 29 lin. 40 – p. 30 lin. 10, lat., s. d., 1 p. (amendement au sujet de l'infaillibilité; notes mss Heuschen).

160 19. [De Episcoporum munere docendi], lat., s. d., 3 p. (nouveau texte).

161 De Episcoporum munere docendi (n. 25 – antea n. 19), lat., s. d., 2 p. (le nouveau texte ronéotypé).
162 + Relatio, H. Betti, lat., 28.1.1964, 3 p.

163 De Episcoporum munere docendi, p. 2, l. 4, J. M. Heuschen, lat., s. d., 1 p. (un amendement de Heuschen sur le texte précédent; et repris dans le texte définitif de *Lumen Gentium*; cf. Journal Charue, 9.3.1964, p. 166) + double.

n°26 (olim 20)

164 Animadversiones generales in n. 20, lat., s. d., 2 + 2 p. (les remarques générales et particulières).

165 De Ecclesia, Cap. II, De munere sanctificandi, d'Ercole, lat., s. d., 1 p. (des propositions d'amendements).

166 20. / De Episcoporum munere sanctificandi /, lat., s. d., 1 p. (un nouveau projet de texte).

167 De Munere Episcoporum sanctificandi (n. 26 antea n. 20), lat., 9.2.1964, 2 p. (nouveau projet de texte).
168 + Relatio, lat., s. d., 1 p.

n° 27 (olim 21)

169 Nr 21: De Episcoporum munere regendi, O. Semmelroth, lat., 23.1.1964, 3 p. (rapport sur les amendements proposés par les Pères).

170 21. [De Episcoporum munere regendi], lat., s. d., 2 p. (projet d'un nouveau texte).

171 De Episcoporum munere regendi (n. 27 antea n. 21), lat., 9.2.1964, 1 p.
172 + Relatio, H. Betti, lat., 28.1.1964, 1 p.

n° 28 (olim 15)

173 Voorstel van gebeurlijke tekstveranderingen bij n° 15, J. M. Heuschen, nl. + lat., s. d., 1 p. (des propositions de modifications du texte à la suite d'une réunion à Louvain).

174 De presbyteris, lat., s. d., 2 p. (un projet de texte, probablement de Heuschen).

175 De Eccl. S/C 4: De presb. et diac. 5, lat., s. d., 2 p. (projet de texte).

176 Schema De Ecclesia reformatum (n. 28 olim 15 a – De Presbyteris), lat., s. d., 5 p. (projet de texte, ronéotypé).
177 + Relatio, lat., s. d., 6 p.

n° 29 (olim 15 B)

178 N. 29 (antea n. 15 B) De Diaconis, lat., s. d., 1 p. (nouveau projet d'un texte) [notes mss Heuschen, surtout au verso et concernant le *De Beata*].

Les 13 suggerimenti, envoyés par Felici le 19.5.1964

179 Lettre [ronéotypée] de Felici au Card. Ottaviani, lat.,19.5.1964, 1 p.
180 + Suggerimenti per la revisione del Capitolo III dello Schema De Ecclesia, it., s. d., 2 p.

181 Relatio. De suggestionibus Commisioni Doctrinali propositis 5-6 iunii 1964, lat., 7.6.1964, 6 p. (la réponse de la commission doctrinale).

Caput V. De universali vocatione ad sanctitatem

182 Caput V. De universali vocatione ad sanctitatem in Ecclesia et de Religiosis, Sectio I, lat., s. d., 1+1+2+2 p. (projet de texte, discuté à la CFM en mars 1964, cf. F. Philips 1486) [notes mss Heuschen].

Caput VI. De Religiosis

183 Caput VI (vel Caput V. Sectio II). De Religiosis, lat., s. d., 1+1+1+1+1 p. (projet de texte discuté à la CFM en mars 1964, cf. F. Philips 1489) [notes mss Heuschen].

Caput VII. De indole eschatologica Ecclesiae

184 Caput. De Consummatione sanctitatis in gloria sanctorum, lat., s. d., 4 p. (projet de texte; cf. F. Philips 1503, où le texte ne compte que 3 pages).

185 De Nostra Unione cum Ecclesia coelesti, lat., s. d., 5 p. (projet de texte; selon le F. Philips 1505, discuté à la sous-commission de la CFM le 8.6.1964).

186 Commissio theologica. Subcommissio pro Capite: De Consummatione Ecclesiae in gloria sanctorum, lat., s. d., 1 p. (rapport d'activités de cette sous-commission).

Caput VIII. De Beata

187 Caput VI seu Epilogus. De Beata Maria Virgine Deipara in mysterio Christi et Ecclesiae, Textus a Rev.mo D.no G. Philips et a P. C. Balić compositus, lat., s. d., 7 p. [même texte F. Philips 1548, mars 1964].

188 Animadversiones et emendationes pro Capite «De Beata Maria Virgine», A. E. Henriquez et M. McGrath, lat., 21.3.1964, 3 p.

189 In prima alinea numeri II, inde a l. 6, plura inducuntur..., J. M. Heuschen, lat., s. d., 1 p. (des remarques de Heuschen sur le texte).

190 Animadversiones in Caput VII (seu Epilogus) De Beata Maria (15 mars 1964), fr., s. d., 11 p. [selon le F. Philips 1557 de R. Laurentin; cf. aussi F. Laurentin, t. I, 1020].

191 Sur le nouveau chapitre marial (15 mars 1964); fr., s. d., 4 p. [selon le F. Laurentin, t. I, 1022 probablement de R. Laurentin; même texte F. Philips 1550].

192 Unicus est Mediator noster secundum absolutam..., L. Henriquez, s. d., lat., 1 p. [selon le Journal Charue, p. 196, ce texte a été discuté à la CFM le 3.6.1964].

193 N. 50 Ad nostram Redemptionem perficiendam Christus unicus Mediator..., P. Parente, s. d., lat., 1 p. [selon le Journal Congar, II, p. 118, 8.6.1964 et le Journal Charue, p. 207-208, 8.6.1964, ce texte a été discuté par Parente et Philips le 8.6.1964].

194 Caput VIII. De Beata Maria Virgine Deipara in Mysterio Christi et Ecclesiae. Relatio, G. Philips, lat., s. d., 12 p. [à comparer avec le F. Philips 1576, où le texte ne compte que 9 + 2 p.; à dater de juillet 1964].

De Revelatione

[La CFM s'est réunie en avril 1964 pour discuter le texte *De Revelatione*. Il est probable que les documents suivants se rapportent à cette réunion].

195 De Fontibus Revelationis, I, 5, fr., s. d., p. 6-8 (des remarques sur le schéma) [selon la dactylographie de J. Dupont; note ms. de Dupont].

196 Deo aeterno, immenso et ineffabili…, ms., lat., s. d., 3 p. (un projet de texte) [selon le ms. de L. Cerfaux].

197 + le même texte dactylographié par Heuschen, lat., s. d., 1 p.

198 H. Schauf, *Schrift und Tradition*, tiré à part de *Antonianum*, XXXIX, 1964, Fasc. 2-3, p. 200-209 [avec dédicace ms. de Schauf].

De Missionibus

199 Schema «De Missionibus», Réflexions et Suggestions, fr., 29.1.1964, VII + 39 p. [selon le FConc. Suenens 1930 de X. Seumois et le groupe d'experts d'Afrique centrale].

De Ecclesia in mundo huius temporis

200 Nota Subcommissionis. De natura hujus schematis et de criteriis in eo adla-borando adhibitis, lat., s. d., 1 p. (une note au sujet du texte de Zurich, 1-3.2.1964).

201 Lettre circulaire de J. Ménager à Heuschen, fr., 22.2.1964, 2 p. (en tant que délégué de la sous-commission centrale il participera aux réunions de la sous-commission «Famille et Mariage»; cette lettre est envoyée à tous les évêques de cette sous-commission; il envoie également des suggestions pour l'élaboration des Annexes).

202 + Suggestiones pro elaboratione Instructionis Pastoralis Ecclesiae in mundo, lat., s. d., 4 p. (des principes pour l'élaboration de l'Instruction pastorale [les annexes]).

203 Recherches et réflexions concernant l'évolution et l'état actuel du problème moral de la régulation des naissances, Ph. Delhaye, fr., s. d., 30 + 1 p. (avec une dédicace ms. de Delhaye pour Heuschen, datée du 29.2.1964).

204 Lettre de A. Glorieux à Heuschen, fr., 18.3.1964, 1 p. (il envoie un docu-ment – le schéma préparé par la commission mixte en mai 1963 – que Heuschen lui avait demandé).

205 L'Église dans le monde actuel, fr., s. d., 12 p. (probablement le texte de Zürich – février 1964 – déjà corrigé) [Cf. F. Philips 1741].

206 Ecclesia in mundo huius temporis, lat., s. d., 13 + 1 p. (selon le F. Philips 1749, après le 3.2.1964 et avant le 5.5.1964; traduction latine du texte précédent).

207 + De historia, stilo, methodo et spiritualitatis Schematis XVII, lat., s. d., 2 p.

208 Lettre de M. Kuppens à Heuschen, ms., fr., 22.5.1964, 1 p. (M. Kuppens, né en 1911 et professeur de théologie morale au Grand Séminaire de Liège, envoie à Heuschen des remarques sur le projet de texte *De Matrimonio et Familia*).

209 + Animadversiones in *De Matrimonio et Familia*, M. Kuppens, ms., lat., s. d., 10 p.

210 Lettre de Jacques Leclercq à Heuschen, fr., 1.8.1964, 1 p. (de Beaufays, il transmet des remarques sur le projet du Schéma XIII que Heuschen lui avait envoyé).

211 + Concile – Schéma 13. Annexes I, III et V, J. Leclercq, fr., s. d., 4 p.

212 Lettre ronéotypée de J. Cardijn, fr., 8.9.1964, 1 p. (il envoie une suggestion pour le texte du schéma XIII).

213 + De Ecclesia in mundo huius temporis. Ad n. 2b, p. 24 – De Juventute in hoc mundo, J. Cardijn, lat., s. d., 2 p.

214 Animadversiones relate ad schema 17, lat., s. d., 1 p.

215 + Remarques sur le schéma XVII, fr., s. d., 2 p. (version française du même texte).

Quelques articles

216 L. Janssens, *Morale conjugale et progestogènes*, fr., tiré à part de *Eph. Theol. Lov.*, t. 39, oct.-dec. 1963, p. 787-826.

217 N. Understone, La Loi naturelle et la Contraception, fr., juin 1964, 4 p.

218 J. M. Reuss, *Don mutuel des époux et procréation*, fr., tiré à part de *La Vie spirituelle, Supplément*, N. 69, mai 1964, p. 103-123.

219 Herman et Lena Buelens-Gijsen, *Werkelijkheid en formulering in de huwelijksleer*, nl., dans *De Maand*, 7, 3, mars 1964, p. 129-140.

220 J. M. Reuss, *Hinweise zur pastoralen Behandlung der Fragen um Ehe und Elternschaft*, all., tiré à part de *Theologie der Gegenwart*, 1964, Heft 3, 8 p.

Varia

221 Un numéro du journal *La Croix*, avec le texte de l'encyclique *Ecclesiam suam*, fr., 1.8.1964, p. 5-8.

222 *Godsdienstige week van het Bisdom Gent*, 37, nr 15, nl., 1.8.1964.

223 *De Nieuwe Linie*, nl., 12.9.1964, p. 3-8.

IIIa SESSIO

Generalia

224 Disposizione delle Camere, it., s. d., 1 p. (la disposition des chambres pour les hôtes au collège belge pendant la 3e session).

224*bis* Lettre (copie) de Mgr Dell'Acqua à Mgr Philips, it., 22.11.1964, 1 p. (Paul VI donne un calice à Philips pour le remercier pour son travail au concile) [Mgr Philips a légué ce calice par testament à Mgr Heuschen, cf. *Concilieherinneringen,* n° 384, p. 24].

De Ecclesia

Modi a Patribus conciliaribus propositi, a Commissione doctrinali examinati.

[Un petit groupe «technique» avec Heuschen, Philips, Tromp, Charue et chaque fois le président de la sous-commission du chapitre concerné, a préparé l'*expensio modorum* du *De Ecclesia.* Ce travail a été fait au collège belge. Souvent Heuschen a lui-même dactylographié ces feuilles – on reconnaît sa machine à écrire – qui ont été ronéotypées au collège belge. Ces textes étaient alors soumis à la discussion de la CFM (début novembre 1964, cf. S. Tromp, V. Relatio Secretarii de laboribus Commissionis de Doctrina Fidei et Morum, 17 Iulii – 31 Decembris 1964). Quand des changements ont été apportés en réunion de la CFM, on le remarque aux notes mss de Heuschen].

225 Caput I. De Ecclesiae Mysterio, Fr. Franić, lat., s. d., 1 + 5 p.

226 Caput II. De Populo Dei, lat., s. d., 1 + 12 p.

227 Caput III. De Constitutione hierarchica Ecclesiae et in specie de Episcopatu, lat., s. d., 1 + 45 p. [les p. 10-45 sont dactylographiées par Heuschen].

228 Caput IV. De Laicis, lat., s. d., 1 + 6 p. [dactylographié par Heuschen].

229 Caput V. De universali vocatione ad sanctitatem, lat., s. d., 1 + 6 p. [dactylographié par Heuschen].

230 Caput VI. De Religiosis, lat., s. d., 1 + 8 p. [dactylographié par Heuschen].

231 Caput VII. De indole eschatologica Ecclesiae…, lat., s. d., 1 + 10 p.

232 Caput VIII. De Beata Maria Virgine Deipara in mysterio Christi et Ecclesiae, lat., s. d., 14 p. [dactylographié par Heuschen].

233 *Patrum Conciliarium Animadversiones sive oraliter sive in scriptis traditae ad III Sessionem initam d. 14 Sept. 1964,* lat., s. d., p. 1-100 et 200-264 (les interventions des Pères au sujet du De Beata) [les pages 101-199 manquent; pour le texte complet, cf. F. Philips 1980].

Documents concernant la Nota Explicativa Praevia

234 Note di Sua Eminenza Rev.ma Cardinal Clemente Micara, it., s. d., 1 p. [cf. F. Philips 1925].

235 Addenda ad Relationem generalem (p. 2), lat., s. d., 2 p. [selon le F. Philips 1898, du 2.11.1964].

236 Per dissipare obbiezioni ed apprensioni circa il carattere sacramentale, it., s. d., 1 p. [peut-être – selon la machine à écrire – ce texte était-il ajouté à la lettre du Card. Cicognani à Ottaviani, cf. document suivant; cette lettre ne se trouve pas dans le F. Philips].

237 Lettre du Card. Cicognani au Card. Ottaviani, it., 10.1.1964, 2 p. [cf. F. Philips 1902].

238 + Circa gli Emendamenti introdotti nello Schema «De Ecclesia», it., s. d., 2 p. [cf. F. Philips 1903].

239 + Addenda ad Relationem generalem (p. 2), it., s. d., 2 p. [notes mss Heuschen; cf. F. Philips 1904].

240 + Notae quoad Capitulum Tertium Schematis De Ecclesia, lat., s. d., 3 p. [selon le F. Philips 1905, de W. Bertrams].

241 Nota Explicativa Praevia, lat., s. d., 2 p. [selon le F. Philips 1888 et 1907, du 12.11.1964; machine à écrire de Heuschen].

242 + copie avec une correction de Heuschen.

243 Relatio de Observationibus circa Caput III de Ecclesia ad Commissionem Doctrinalem a Sancto Patre transmissis, lat., s. d., 2 p. [machine à écrire de Heuschen; selon le F. Philips 1906 et 1916, du 12.11.1964].

De Episcopis

243*bis* Schema «De pastorali Episcoporum munere in Ecclesia», Modus ad N. 8, pag. 17, lin. 16-17, lat., s. d., 1 p. (un *modus* que Heuschen a fait pour sa campagne de *modi* début novembre 1964), [cf. Correspondance, n° 451, 3.11.1964].

De Religionibus non-christianis

244 Textus (30.X.1964) emendatus, Sessio plenaria (30.X.1964), Declaratio de Ecclesiae habitudine ad religiones non-christianas, lat., 4.11.1964, 3 p. (projet de texte) [la 4ᵉ page manque; cf. F. De Smedt 1324; Heuschen a fait une intervention écrite au sujet du De Religionibus non christianis, cf. *A. S.*, Vol. III, Pars III, p. 170].

De Libertate religiosa

245 Beatissime Pater! Non sine magno dolore…, lat., 11.10.1964, 1 p. (projet d'une lettre signée par plusieurs cardinaux pour protester contre la constitution d'une commission mixte – avec e. a. comme membre Mgr M. Lefebvre – pour revoir le texte sur la liberté religieuse. Cf. *A. S.*, Vol. V, Pars III, p. 18-19 et F. De Smedt 1258).

De Ecclesia in mundo huius temporis

246 Subcommisio Centralis Commissionis mixtae, lat., s. d., 1 p. (les membres élus – de la CFM et de la commission pour l'Apostolat des laïcs – et cooptés de cette sous-commission centrale) [les élections ont été faites le 29.10 et le 16.11.1964].

247 Synthèse des travaux de la sous-commission «Signa Temporum», fr., s. d., 3 p. (rapport de cette sous-commission entre le 9 septembre et le 5 novembre 1964) [notes mss Heuschen au verso de la p. 3 au sujet d'une réunion de la commission mixte; avec e. a. le résultat du vote du 16.11.1964 pour élire les membres de la sous-commission centrale, cf. document supra).

248 Schema XIII. Relatio die 18/XI/1964 habita et deinde amplificata, B. Häring, lat., s. d., 5 p. (une relation de Häring – pour la commission mixte – résumant la discussion *in aula*).

Animadversiones a Patribus conciliaribus in Aula factae super Schema «De Ecclesia in mundo huius temporis» (interventions des Pères pendant la 3ᵉ session, ronéotypées par la Commissio mixta) [Ces feuilles, mentionnant les observations faites pendant la 3ᵉ session, n'ont été polycopiées que pendant la 3ᵉ intersession].

249 A. Animadversiones generales, lat., s. d., 171 p. [les p. 156-171 sont en double; cette série n'est pas complète, cf. F. Philips 2074 où il y a 197+1 p.).

250 B. Animadversiones particulares, lat., s. d., 612 p. [les p. 173-196, 217-228, 344-31, 534-579 manquent].

IIIa INTERSESSIO

De Ecclesia in mundo huius temporis

[Le rôle de Heuschen a été très important pour le chapitre *De Matrimonio et Familia*. Comme membre de la sous-commission, il a élaboré avec un groupe de travail, dès janvier 1965, un nouveau texte de ce chapitre. Le groupe de travail («commissio laboris») était composé de Heuschen – qui présidait au nom de Mgr Dearden –, Schillebeeckx, Heylen, Delhaye, Prignon, et Van Leeuwen. Dès décembre 1964, Heuschen fait appel à Heylen, qui contacte Schillebeeckx, et Delhaye. En janvier [probablement du 11 au 14 janvier[1]], il y a 4 jours de réunion à Hasselt. Ainsi, quand la sous-commission s'est réunie à Ariccia en février 1965, a-t-elle pu terminer son travail en quelques journées, tandis que les autres sous-commissions devaient encore commencer leur rédaction. Les documents qui suivent se rapportent surtout aux travaux des mois de décembre 1964 et de janvier 1965. Cf. J. M. HEUSCHEN, *Gaudium et Spes. Les modi pontificaux*, dans M. LAMBERIGTS, Cl. SOETENS, J. GROOTAERS (éd.), *Les commissions conciliaires à Vatican II*, Leuven, 1996, p. 353 et *Concilieherinneringen*, n° 384, p. 18-19].

Schema XIII. Generalia

251 Lettre circulaire de E. Guano, it., 8.12.1964, 1 p. (il envoie le rapport des réunions de la sous-commission centrale aux évêques membres des sous-commissions).

252 + Schema XIII. Compte rendu de la réunion plénière de la sous-commission centrale du mardi 17 novembre 1964 et des réunions restreintes des 19 et 20 novembre 1964, fr., s. d., 6 p. + double.

253 Télégramme des cardinaux Ottaviani et Cento à Heuschen, lat., 6.1.1965, 1 p. (convocation pour la réunion de la sous-commission mixte le 29.1.1965).

254 Lettre de A. Glorieux à J. M. Heuschen, fr., 15.1.1965, 1 p. (il dit que Mgr Dearden préférerait que la réunion ait lieu à Rome – et non pas à Ariccia; il envoie la liste des sous-commissions).

255 + Subcommissiones Commissionis Mixtae pro schemate «De Ecclesia in mundo huius temporis», lat., s. d., 1 p. (les membres des sous-commissions pour les 5 Annexes; Heuschen a ajouté son nom – ms. – pour l'Annexe 2: *De Matrimonio et Familia*) [cf. F. Philips 2052 et 2053].

---

1. En effet dans une lettre du vendredi 8.1.1965, Heylen parle de la réunion de lundi prochain. D'autre part on sait que Prignon est en Belgique pendant la semaine du 10 au 17 janvier; cf. Correspondance Troisfontaines, lettre du 14.1.1965 (Archives L. Declerck).

256 Lettre circulaire de A. Glorieux et de S. Tromp aux membres de la commission mixte, lat., 18.2.1965, 1 p. (le nouveau texte, à rédiger après Ariccia, ne pourra être prêt que le 29 mars).

257 Animadversiones ad singula textus emendati caerulis foliis impressi, ms., lat., s. d., 14 p. (remarques sur le schéma XIII) [selon le ms. de B. Rigaux].

258 + transcription dactylographiée de ce texte, lat., s. d., 11 p. (avec dans la marge des notes mss de Moeller).

Élaboration d'un nouveau texte du De Matrimonio et Familia *en décembre 1964 et janvier 1965*

Quelques documents de Ph. Delhaye

259 Lettre de Ph. Delhaye à Heuschen, ms., fr., s. d., 1 p. (il envoie la liste des membres de la sous-commission que Heuschen préside, et aussi les feuilles bleues 197+ – 242+ que Heuschen n'avait pas reçues [cf. n° 250, B. Animadversiones particulares]).

260 Lettre de Ph. Delhaye à Heuschen, ms., fr., 9.12.1964, 1 p. (il envoie une première analyse des documents [les remarques des Pères conciliaires sur le chapitre du mariage] ainsi qu'un article sur le problème de la régulation des naissances).

261 + Recherches et réflexions concernant l'évolution et l'état actuel du problème moral de la régulation des naissances, Ph. Delhaye, fr., 29.2.1964 [pour la date, cf. F. Prignon 2031], 31 + 1 p.

262 Lettre de Ph. Delhaye à Heuschen, ms., fr., 15.12.1964, 1 p. (il a reçu de nouvelles feuilles de Molari avec des observations des Pères; il fera l'analyse de ces deux paquets supplémentaires la semaine prochaine).

263 Lettre de Ph. Delhaye à Heuschen, ms., fr., 21.12.1964, 1 p. (il envoie la nouvelle «Analysis» des suppléments; il demande une entrevue avec Heuschen).

264 + Analysis Duorum Supplementorum, Ph. Delhaye, ms., lat., 20.12.1964, 1 + 10 p. [même document F. Prignon 2064].

Remarques de Heuschen

265 Animadversiones in *De Matrimonio et Familia*, J. M. Heuschen, lat., s. d., 5 p.

266 + autre dactylographie de ce texte, J. M. Heuschen, lat., s. d., 8 p. + double.

267 Lettre de A. Glorieux à Heuschen, fr., 21.12.1964, 2 p. (il remercie Heuschen d'avoir déjà engagé une nouvelle rédaction avec Ph. Delhaye; il a encore envoyé des remarques des Pères; on ne peut pas retarder la session à Ariccia prévue pour début février; les présidents des sous-commissions [pour le chapitre sur le *De Matrimonio et Familia,* c'était Dearden] ne peuvent être changés, cependant il remercie Heuschen d'avoir accepté la présidence du travail de réélaboration du texte).

Quelques documents en rapport avec la rédaction du nouveau texte

268 1) Temperantia conjugalis…, lat. + nl., s. d. [mais après le 1 janvier 1965], 2 p. (des notes pour le nouveau texte?) [machine à écrire et notes mss de Heuschen].

269 «De grondvraag lijkt me of een menselijk ingrijpen…», nl., s. d., 1 p. (une demi-feuille sur la valeur de la loi naturelle).

270 Formule de rechange plus large pour la page 24, n° 4, l. 13 sq., lat., s. d., 1 p.

271 Textus propositus, Urtasun et 8 évêques français, E/ 4035, lat., s. d., 9 p. (pages 2 à 10) (Mgr Urtasun avait envoyé un texte de rechange pour le *De Matrimonio et Familia* lors de la 3e session).

272 E textu anteriore retinentur ideae…, lat., s. d., 3 p. (des suggestions pour le – nouveau [?] – texte) [notes mss Heuschen; machine à écrire de Heylen].

Préparation du nouveau texte

273 Lettre de V. Heylen à Heuschen, ms., nl., 24.12.1964, 2 p. (il remercie Heuschen de sa confiance; il demande quelle est sa tâche exacte; quelle est la fonction des «Annexes»).

274 Lettre de V. Heylen à Heuschen, ms., nl., 30.12.1964, 1 p. (il envoie quelques suggestions de texte pour le n° 22).
275 + ad 1°, p. 11 lin. 3 post «mulieris»…, V. Heylen, lat., s. d., 2 p. (des suggestions pour le nouveau texte).

276 Lettre de V. Heylen à Heuschen, ms., nl., 8.1.1965, 1 p. (Schillebeeckx lui a envoyé un exposé intéressant; Heylen lui envoie un texte légèrement amendé qui pourra rendre service pour la réunion de lundi [probablement le 11.1.1965]).
277 + 22. (Dignitas Matrimonii et Familiae), V. Heylen, lat., s. d., 6 p. (un projet de texte avec des corrections mss de Heylen) + double [sans les corrections mss de Heylen].

278 22. (Dignitas matrimonii et familiae), lat., s. d., 6 p. (le texte de Heylen avec beaucoup de corrections mss de Heuschen, faites probablement à la réunion de Hasselt).

279 21. (Dignitas Matrimonii et Familiae), lat., s. d, 1 p. (nouveau projet de la 1e page du texte avec des notes mss Heylen et d'une autre main).

280 Textus emendatus n. 21 prout a Commissione laboris proponitur, lat., s. d., 5 p. (nouveau projet de texte, notes mss Heuschen).

281 Lettre de G. Philips à Heuschen, ms., nl., 13.1.1965, 1 p. (il a reçu ce texte et apporté des corrections; il sera à Rome la deuxième semaine de février; il semble que ce soit le pape qui veuille accélérer les travaux de la commission).

282 + 21. (Dignitas Matrimonii et Familiae), lat., s. d., 5 p. (le texte précédent avec des corrections mss de Philips).

283 Textus emendatus N. 21 prout a Commissione laboris proponitur. 21. Dignitas Matrimonii et Familiae, lat., s. d., 5 p. (le nouveau texte ronéotypé, où les corrections Philips sont intégrées) [la lettre de Charue du 20.1.1965 – no 295 – donne des remarques sur ce texte, qui doit donc dater d'avant le 20.1.1965].

284 Corrigenda, V. Heylen, ms., lat., s. d., 1 p. (quelques corrections sur le texte précédent).

285 La Dignité du Mariage et de la Famille, fr., s. d., 8 p. (traduction française du texte latin précédent, avec des corrections mss Heuschen) + 3 doubles.

Préparation de la Relatio

1. Textes de Ph. Delhaye

[Ces textes de Delhaye ont servi pour la Relatio]

286 Animadversiones in textum propositum, Ph. Delhaye, ms., lat., s. d., p. 35-38 et 42.

287 Numerus Primus. De Finibus Matrimonii, Ph. Delhaye, ms., lat., s. d., p. 43-49 (des observations sur les no 1 à 3).

288 Allocutio pastoralis, Ph. Delhaye, ms., lat., s. d., 2 p. (observations sur le no 4).

289 no 1. 5. ut in societate domestica…, Ph. Delhaye, ms., lat. + fr., s. d., 3 p. (des observations sur les no 1 à 6).

2. Projets de la Relatio

290 Animadversiones in textum propositum, Ph. Delhaye, ms., lat., s. d., 23 p.
(Delhaye reprend, avec beaucoup de changements, les textes précédents
e. a. des n° 286 et 287 et y a inséré des «justificationes», en vue de la *Relatio*
à rédiger).

291 Animadversiones in Textum propositum, lat., s. d., 9 p. + des doubles des
p. 8 et 9.

292 Animadversiones in Textum propositum, lat., s. d., 9 p. (le texte précédent
avec de nombreux ajouts et corrections mss de Heuschen).

293 Textus Relationis provisorius, lat., s. d., 10 p. (texte ronéotypé où sont inté-
grés les ajouts de Heuschen du texte précédent) [mais à dater avant le
20.1.1965, cf. la lettre de Charue, n° 295 du 20.1.1965[2]].

294 + double [avec des corrections mss de Heuschen (corrections qui tiennent
compte e. a. de la lettre de Charue du 20.1.1965, cf. n° 295)].

295 Lettre de A. M. Charue à Heuschen, fr., 20.1.1965, 1 p. (Charue a lu le
Texte et la Relatio et suggère quelques corrections).

296 Lettre de J. Dearden à Heuschen, angl., 20.1.1965, 1 p. (il n'a pas pu
envoyer ses remarques sur le premier projet du nouveau texte, qu'il trouve
déjà bien meilleur, et il attend maintenant le nouveau projet de texte pour
faire ses remarques; il verra Heuschen aux réunions qui commencent le 1er
février).

297 Schema XIII – N. 21, A. Poma, it., s. d., 7 p. (des suggestions de Poma pour
la réélaboration du texte).

Février 1965

298 Lettre de M. Labourdette à Heuschen, ms., fr., 23.2.1965, 1 p. (il envoie
le petit rapport qu'il avait présenté le dernier jour des réunions de la sous-
commission mixte).

299 + Vie conjugale et régulation des naissances, M. Labourdette, fr., s. d., 4 p.

---

2. G. TURBANTI, dans *Un Concilio per il mondo moderno*, Bologna, 2000, p. 527, note
123, croit à tort que cette *Relatio* date de mars 1965.

Quelques articles au sujet du mariage de la famille

300 Charles De Koninck, *Réflexions relatives à la régulation des naissances,* dans *Perspectives,* fr., Vol. 19, n° 4, juillet-août 1964, p. 74-94.

301 Charles De Koninck et Mgr Maurice Dionne, Le problème de l'infécondité, fr., 25.1.1965, 14 p.

302 E. J. De Smedt, *Voorlichting en opvoeding van de gehuwden,* nl., dans *Ministrando,* 4, 2.4.1965, p. 41-68.

303 A. Dondeyne, Réflexions sur la crise actuelle de la morale conjugale, fr., mars 1965, 12 p.

Varia

304 Quidam Ecclesiasticus, Hierarchia Ecclesiae Christi, lat., 10.8.1965, 1 p.

305 Quidam Ecclesiasticus, De Sacramentis Poenitentiae et Unctionis, lat., 1965, 3 p.

IVa SESSIO

De Instrumentis Communicationis socialis

306 Pontificium Consilium Instrumentis Communicatonis socialis praepositum. Ordo Rerum Agendarum, lat., 27.1.1965, 1 p. (l'ordre du jour de la réunion d'évêques chargés de l'apostolat des media. Heuschen était le délégué des évêques de Belgique).

307 + Relatio Praesidis, lat., s. d., 7 p.

308 + De Die mundiali celebranda circa Instrumenta Communicationis socialis, lat., s. d., 3 p.

309 + Brevis Relatio activitatis Stationis radiophonicae Vaticanae, lat., s. d., 5 p.

310 + Schedule of Broadcasts, Autumn – Winter 1965, angl., s. d., 2 p.

311 Commission pontificale pour les Moyens de Communication sociale, Bulletin d'Information, Année XIII, 1964, N. 70, lat., 14 p.

De Oecumenismo

312 Directorium de re oecumenica, lat., s. d., 18 p. (projet de texte) [notes mss de Heuschen] [Le 24.11.1965 Heuschen écrit à sa sœur que la semaine prochaine la commission doctrinale devra encore examiner le Directoire œcuménique, cf. n° 503].

313 Observationes de «Directorio Oecumenico», lat., s. d., 1 p.

De Revelatione

314 Animadversiones ad n. 40, pag. 7, K. Rahner [selon note ms. Prignon], lat., s. d., 1 p. [cf. F. Philips 2543, selon le Journal Prignon, p. 112, du 1.10.1965].

315 Animadversiones ad ea quae Subcommissio doctrinalis…, lat., s. d., 1 p. [selon le Journal Prignon, p. 112, à attribuer à l'Institut biblique; et du 1.10.1965; cf. F. Philips 2544].

316 J. Arts, *Wat is Openbaring?*, dans *De Nieuwe Linie*, nl., 13.11.1965, p. 9.

317 *L'Osservatore Romano*, it., 19.11.1965 (numéro sur la promulgation de *Dei Verbum*).

318 *L'Osservatore Romano*, it., 22-23.11.1965 (numéro avec la traduction italienne de *Dei Verbum*) [avec une note ms.: cf. pag 3, col. 4, in medio «causa della nostra salvezza»; pour l'incident de cette traduction erronée, cf. Journal Charue, p. 277].

319 *Giudizio positivo del Priore di Taizè sulla costituzione «De divina Revelatione»*, dans *L'Avvenire d'Italia*, it., 2.12.1965, p. 3.

De Libertate religiosa

320 Un discours de J. Fuchs s. j. sur la liberté religieuse, dans *Sint Unum*, II, 1965, lat., p. 8-12.

321 *La déclaration sur la liberté religieuse rendra service, non seulement à la théologie, mais au droit public*, Interview de J. Hamer o. p. par N. Copin, dans le journal *La Croix*, fr., 2.12.1965, p. 1 et 7.

De Missionibus

322 J. Aagaard, *Quelques tendances fondamentales dans la missiologie protestante moderne*, fr., dans *DOC*, N. 212 et 213, fr., s. d., 10+11 p.

De Ecclesia in mundo huius temporis

Generalia

323 Relatio Generalis circa Schema De Ecclesia in mundo huius temporis, G. Garrone, lat., s. d., 6 p. [selon le Journal Prignon, p. 41, cette *Relatio* a été ronéotypée au collège belge le 17.9.1965; selon le Journal Congar, II, 18.9.1965, p. 396 elle a été discutée à la CFM le 18.9.1965; elle a été lue *in aula* par Garrone le 21.9.1965; notes mss de Heuschen].

324   Relatio pro «Expositione Introductiva» schematis Constitutionis Pastoralis De Ecclesia in mundo hujus temporis, M. McGrath, lat., s. d., 2 p. (le projet de Relatio devant être lue *in aula;* selon le Journal Prignon, p. 41, elle était prête le 17.9.1965).

325   De Ecclesia in mundo huius temporis. Elenchus Subcommissionum ad examinandas emendationes propositas, lat., 18.9.1965, 1 p. (liste avec les 10 sous-commissions et les numéros du texte qu'elles ont à réviser).

325*bis* Schema XIII. Normae directivae pro labore subcommissionum, lat., 22.9.1965, 1 p.

326   Notes sur la Tradition occidentale du IIIe au XIe siècle concernant le remariage durant la vie des époux, E. Zoghby, fr., s. d., 26 p. (en rapport avec son intervention *in aula,* le 29.9.1965).

326*bis* Subcommissio centralis, Commendationes pro aliis subcommisionibus, lat., 30.9.1965, 2 p.

326*ter* Distributio Subcommissionum, lat., 5.10.1965, 1 p. (liste des Pères et experts pour chaque sous-commission) [cf. Journal Congar, II, 6.10.165, p. 424, «On distribue les feuilles donnant la composition des sous-commissions du schéma XIII»; même document F. Philips 2592].

327   Normae generales pro labore technico subcommisionum, lat., 7.10.1965, 1 p.

327*bis* Relatio Brevis, G. Garrone, lat., 8.10.1965, 5 p. (lue par Garrone *in aula* le 8.10.1965 à la fin des débats sur le schéma XIII).

328   Lettre de A. Bengsch à G. Philips, all., 11.10.1965, 1 p. (il envoie un projet de texte pour la deuxième partie du schéma XIII; cf. F. Philips 2609-2611).

329   Directives pratiques pour le travail des sous-commissions, fr. + lat., s. d., 2 + 1 p. (directives données le 12.11.1965 [cf. n° 496, Lettre à sa sœur, 12.11.1965] aux présidents et le 14.11.1965 aux secrétaires des sous-commissions par Heuschen, qui coordonne le travail de l'*expensio modorum*; cf. Journal Prignon, p. 196-197) + double.

330   Schema XIII. Secretarii Sub-Commissionum, lat., s. d., 1 p. (les adresses des secrétaires des sous-commissions; probablement distribuées à la même réunion du 14.11.1965; à remarquer: Heuschen est mentionné comme *Moderator laborum*) + double.

331 Commissione conciliare per l'Apostolato dei laici, it., s. d., 4 p. (liste des adresses – de leur domicile mais aussi leurs adresses à Rome – des membres de cette commission; à la p. 4 on a ajouté les noms des membres cooptés).

332 IV. Sessio. Adsiduitas Memborum Comm. Doctr., s. d., 1 p. (la liste des adresses romaines des membres de la CFM; à remarquer que Mgr C. Colombo – d'abord *peritus*, puis évêque titulaire mais jamais désigné comme membre – se trouve parmi les membres).

333 Pars II. De quibusdam problematibus urgentioribus, lat., s. d., 21 p. (projet de texte imprimé; épreuve d'imprimerie?).

334 Het Concilie. Schema over De Kerk in de wereld van deze tijd, nl., s. d., 9 p. (traduction néerlandaise d'une présentation du schéma XIII, parue dans *L'Osservatore Romano*, reçu le 25.10.1965; texte incomplet; traduction très probablement faite par Heuschen – cf. la machine à écrire).

335 L. Meerts, *De Kerk in de huidige wereld. Wij allen zijn verantwoordelijk*, nl., s. d., 1 p. (article du journal *Gazet van Antwerpen;* l'article porte sur la congrégation générale du 1.10.1965).

Animadversiones a Patribus conciliaribus factae super Schema «De Ecclesia in mundo huius temporis» copies des interventions *in aula* lors du débat septembre-octobre 1965).

336 A. Animadversiones generales, lat., s. d., 125 p.

337 B. Animadversiones particulares, lat., s. d., 350 p. (les pages 96-99 manquent).

338 Emendationes Textus ad singulos numeros, lat., s. d., 70 p. (des propositions de corrections du texte, après le débat in *in aula* pour les n° 1 à 58 du texte).

La révision du chapitre De Matrimonio et Familia

[Le rôle de Heuschen et de Heylen dans la révision de ce chapitre a été essentiel; et c'est grâce à eux qu'on a trouvé une solution pour les *modi* pontificaux, envoyés le 23.11.1965. Cette sous-commission était présidée par Dearden, mais de facto par Heuschen; le secrétaire en était V. Heylen. Certains documents sont des photocopies, peut-être faites par J. Grootaers et renvoyées à Heuschen par après, cf. n° 356, lettre de Grootaers à Heuschen].

339 Instantissime rogantur Patres..., J. M. Heuschen, lat. + nl., s. d., 1 p. (des recommandations aux Pères pour l'introduction de leurs *modi*; dans une

note ms. Heuschen écrit que ce texte a été lu *in aula* par Felici à l'exception de la dernière phrase; Felici l'a en effet lu le 15.11.1965; cf. G. CAPRILE, *Il Concilio Vaticano II*, Quarto Periodo, Roma, 1969, p. 383).

340 Excellentissime Domine, Prima adunatio…, J. Dearden, lat., 16.11.1965 (lettre de convocation – ronéotypée au collège belge – pour la sous-commission VI, qui se réunira au collège belge, le vendredi 19.11.1965) + double.

341 Pars II. De quibusdam problematibus urgentioribus, lat., s. d., 8 p. (nouveau projet de texte ronéotypé du Prooemium et du Caput I. De dignitate matrimonii et familiae fovenda).

342 Lettre (photocopie) du card. Cicognani au card. Ottaviani, lat., s. d. (mais du 23.11.1965), 1 p. (pour la photocopie).

343 + Modi missi ab Em.mo Secretario Status, lat., s. d, 1 p. (une copie ronéotypée de ces *modi*; avec notes mss Heuschen) + double.

344 Propositiones circa Modos a Superiori [sic] Auctoritate venientes, lat., s. d., 1 p. (selon une note ms. de Heuschen, de Ménager).

345 Ea, quae per litteras XXIV huius mensis datae…, A. Cicognani, lat., 25.11.1965, 1 p. (Dans une lettre à la CFM, Cicognani donne une explication au sujet des «*modi* pontificaux»).

346 Ad claritatem discussionis modorum auctoritatis superioris…, lat., 26.11.1965, 1 p. (une feuille où l'on suggère qu'un Père pose quelques questions à la commission pontificale).

347 Ad mentem modi auctoritatis superioris ad p. 9, lin. 28-29…, R. Laurentin, ms., lat., s. d., 1 p. (une suggestion pour le texte).

348 1) De Enc. Cast. Conn. Concio ad obstetrices. Iam obsoleta…, J. M. Heuschen, ms., lat., s. d., 1 p. (page ms. de Heuschen avec des projets de réponse aux *modi* pontificaux).

349 Ad E.mos Patres Purpuratos, 23 junii 1964, ms. Delhaye, it., s. d., 1 p. (la citation du discours de Paul VI aux cardinaux) [selon le Journal Prignon, p. 229, du 26.11.1965; au verso textes mss de Heuschen avec des projets pour l'*expensio modorum*].

350 1) illicitis usibus contra generationem…, Heuschen, ms., lat., s. d., 1 p. (8 formules proposées par Heuschen avec le résultat du vote en commission).

351 5. Pag. 5, lin. 22: dum 14 al, Heuschen, lat., s. d., 4 p. [avec deux pages doubles] (des feuilles avec l'*expensio modorum,* notes mss Heuschen).

352 De Expensione Modorum, Heuschen, lat., s. d., 3 p. (le texte de l'*expensio modorum,* concernant les *modi* 5, 71, 98, 107, avec à la fin la phrase: «In expensione Modorum sub numeris 5, 71, 98 et 107, Commissio Generalis Mixta sedulo et reverenter rationem habuit consiliorum Summi Pontificis, quae ei, mediante Em.mo Cardinali a Secretariatu Status, transmissa fuerunt»).

353 Relatio. Caput I, Partis II, lat., s. d., 3 p. (+ double) + 1 p. (projet corrigé de la 1ᵉ page) (projet de la *Relatio* rédigée par Heuschen, Heylen et Reuss le 26.11.1965, cf. Journal Prignon, p. 230) [notes mss Heuschen]+ double.

354 Lettre de Heuschen à A. Dell'Acqua, fr., 28.11.1965, 1 p. (la lettre d'accompagnement pour l'envoi de la *Relatio de modis expendendis* qui se rapporte aux *modi* pontificaux).

355 Eccellenza Rev.ma, Bisogna avvertire S. E. Dearden…, C. Colombo, ms., it., s. d., 1 p. (Colombo demande à Heuschen d'avertir Dearden que le pape le recevra volontiers s'il estime un entretien opportun) [note ms. de Heuschen: Hilton 3151 – le numéro de téléphone de l'hôtel Hilton où Dearden logeait; selon le «Journal» conciliaire de Heuschen cette lettre lui est parvenue le 1.12.1965, et selon les notes de P. de Locht, Dearden n'est pas allé chez le pape; cf. J. GROOTAERS & J. JANS, *La régulation des naissances à Vatican II: une semaine de crise,* Leuven – Paris – Sterling, VA, 2002, p. 270 et 285].

356 Lettre de J. Grootaers à Heuschen, ms., nl., 15.6.1994, 1 p. (Grootaers lui renvoie plusieurs documents avec une copie des *modi,* provenant de Cicognani)

357 + Caput I «De dignitate Matrimonii et Familiae fovendae», lat., 17.11.1965, 1 p. (probablement des *modi* introduits par Cicognani) [signé par Cicognani, notes mss de Heuschen; pour l'original cf. F. Heylen n° 93].

358 Zaterdag 27 november [1965], Heuschen, nl., s. d., 3 p. (un extrait de «journal» de Heuschen pour la période du 27.11.1965 au 4.12.1965) [on ne sait quand ces notes ont été rédigées; note ms. de J. Grootaers. Ces notes ont été publiés dans J. GROOTAERS & J. JANS, *La régulation des naissances à Vatican II: une semaine de crise,* p. 268-272].

359 P. de Locht, La Possessio Juris ou la relance des condamnations de Casti Connubii [sic], fr., 2.12.1965, 6 p.

360 P. de Locht, La Pastorale familiale au lendemain du décret conciliaire sur le mariage, fr., 6.12.1965, 6 p.

Articles de journaux

361 Raniero La Valle, *Nuove modifiche allo schema tredici*, dans *L'Avvenire d'Italia*, it., 26.11.1965, p. 2.

362 Raniero La Valle, *In corso di emendamento il capitolo sul matrimonio*, dans *L'Avvenire d'Italia*, it., 27.1.1965, p. 2.

363 *Nuove proposte conciliari sui rapporti tra i coniugi*, dans *Il Tempo*, it., 28.11.1965, p. 19.

364 H. Fesquet, *Paul VI a accepté que la commission compétente du schéma 13 atténue les amendements qu'il avait présentés*, dans *Le Monde*, fr., 2.12.1965, p. 10.

Le chapitre V De Pace fovenda

Intervention écrite de Mgr Heuschen au sujet du Caput V De communitate gentium et de pace

[pour le texte de cette intervention écrite; cf. *A. S.*, Vol. IV, Pars III, p. 815-820].

365 Ut responsabilis cooperatio civium…, lat., s. d., p. 29-34 (le projet de texte du Caput V) [pour le texte complet, qui date de fin mars 1965, cf. F. Philips 2261].

366 Schéma: Église dans le monde. Chapitre V, V. Heylen, ms., fr., s. d., 1 p. (des remarques sur ce chapitre).

367 Note pour S. Exc. Mgr Heuschen, fr., 17.8.1965, 7 p. (une note de la commission restreinte de Pax Christi; les pages 3 et 4 de ce document sont un rapport de la réunion de Pax Christi du 12.8.1965) + double.

368 Deuxième note pour S. Exc. Mgr Heuschen, fr., 28.8.1965, 5 p. (complément de la note du 17.8.1965).

369 Note complémentaire pour S. Exc. Mgr Heuschen, fr., 3.9.1965, 1 p. (une note à insérer dans le document du 28.8.1965) + 2 doubles.

370 Note relative au ch. 5 du schéma «L'Église dans le monde de ce temps», fr., s. d., 4 p. (probablement le projet de l'intervention de Heuschen) [notes mss Heuschen].

371 Quaedam Animadversiones in caput V schematis «Ecclesia…», lat., s. d., 6 p. (probablement le projet latin du texte de Heuschen) [notes mss Heuschen].

372   Quaedam Animadversiones in Caput V Schematis «De Ecclesia in mundo huius temporis», J. M. Heuschen, lat., s. d., 4 p. (probablement le texte définitif de l'intervention «in scriptis» de Heuschen).

373   Votre Excellence, On suggère respectueusement…, fr., 2.12.1965, 1 p. (lettre signée par dix évêques – e. a. Spellman, Shehan, Hurley – demandant de voter *Non placet* pour le chapitre V, à cause surtout de la condamnation comme immorale de la possession d'armes atomiques).

374   F. Alting von Geusau, *L'Église, la collaboration internationale et l'organisation de la paix*, dans *DOC*, n° 219, fr., s. d., 12 p.

375   Ad Conclusionem, N° 5-97, lat., s. d., 3 p. (l'*expensio modorum* de la Conclusion du schéma XIII; document rédigé par la commission technique des *modi*, dactylographié par Heuschen et soumis à la CFM; notes mss Heuschen).

Articles de journaux

376   *L'Osservatore Romano,* it., 15-16.11.1965, p. 3.

377   *L'Osservatore Romano,* it., 17.11.1965, p. 3.

378   *De Nieuwe Linie,* nl., 20.11.1965, p. 7 et 11-12. (plusieurs articles de J. Arts).

379   Raniero La Valle, *Un punto cruciale,* dans *L'Avvenire d'Italia,* it., 28.11.1965, p. 1.

380   Vittorio Citerich, *Monsignor Pellegrino prevede che il Concilio ispirerà un grande movimento culturale,* dans *L'Avvenire d'Italia,* it., 30.11.1965, p. 2.

381   Raniero La Valle, *Non hanno cambiato la sostanza le modifiche allo «schema tredici»,* dans *L'Avvenire d'Italia,* it., 3.12.1965, p. 1-2.

382   J. Arts, *De paus greep weer in,* dans *De Nieuwe Linie,* nl., 4.12.1965, p. 3, 13, 16.

383   J. Arts, *Notities bij het concilie,* dans *De Nieuwe Linie,* nl., s. d., 1 p.

POSTCONCILIUM

Generalia

384   Concilieherineringen, J. M. Heuschen, nl., s. d., 25 + 3 p. + p. 12 bis + p. 14 b + p. 14 c, (des souvenirs personnels de Heuschen, écrits à la machine) [Probablement rédigés assez tardivement – il y a d'assez nombreuses erreurs dans le texte].

385   +De amendementenslag, J. M. Heuschen, nl., s. d., 7 p. (souvenirs de Heuschen au sujet de l'introduction de *modi* pour le *De Episcopis* et de l'*expensio modorum* pour le *De Ecclesia, De Revelatione*, et le *De Ecclesia in mundo huius temporis* [surtout le *De Matrimonio et Familia*], où son rôle fut très important).

386   + Concilieherinneringen, Enkele aanmerkingen, L. Declerck, nl., 12.9.2001, 1 p. (quelques remarques et précisions d'ordre historique sur les deux textes précédents).

387   Gesprek met Mgr Heuschen te Hasselt op 28.11.1994, J. M. Heuschen, nl., 28.11.1994, 27 p. (transcription d'une bande magnétique: interview de Heuschen par J. Grootaers; transcription faite par W. Verschooten; texte non corrigé avec beaucoup de fautes ou imprécisions).

De Matrimonio et Familia

388   Lettre de V. Heylen à J. M. Heuschen, ms., nl., 29.6.1966, 2 p. (Heylen a eu une entrevue avec Suenens, qui revenait de la réunion de la commission pontificale; le cardinal donne quelques nouvelles mais toutefois peu précises).

389   V. Heylen, La Constitution «Gaudium et Spes», IIe Partie, Chapitre 1, fr., s. d., 21 p. (projet d'un commentaire de ce chapitre) [mais envoyé à Heuschen autour de Pâques 1966].

390   V. Heylen, Concilie en Huwelijksmoraal, nl., s. d., 11 p. [avec des notes mss de Heuschen].

391   Chanoine Heylen, *L'Église et le Mariage*, dans *Radio-Télévision Catholique Belge*, fr., s. d., p. 6.

392   Josef Maria Reuss, *Zeugungsziel und eheliche Vereinigung*, all., dans *Der Seelsorger*, 4, Juli 1966, p. 249-259.

393   + carte de visite de Reuss.

394   Josef Maria Reuss, *Zur derzeitigen Ehepastoral*, all., tiré à part de *Diakonia*, 4/1966, 2 p. + carte de visite de Reuss.

II. CORRESPONDANCE DE MGR J. M. HEUSCHEN

1. LETTRES DE MGR HEUSCHEN À SA MÈRE ET À SA SŒUR

IIa SESSIO

395 25.9.1963 [mercredi], ms., 2 p. (en route pour Rome, lettre de Baden-Baden).

396 26.9.1963 [jeudi], ms., 2 p. (lettre de Bâle, en route pour Rome).

397 s. d., ms., 1 p. (en route pour Rome, après Küssnacht).

398 s. d., ms., 1 p. [une demi-feuille manque] (en route pour Rome).

399 28.9.1963 [samedi], 2 p. (arrivée à Rome le 27.9.1963 avec Mgr van Zuylen).

400 29.9.1963 [dimanche], 1 p. (La cérémonie d'ouverture de ce matin était belle; j'ai été chargé par les évêques belges des relations avec la presse).

401 30.9.1963 [lundi], 1 p. (J'ai déjà reçu trois coups de téléphone de journalistes: un de CIP, un de Belga [agence de presse] et un de Karel Goris, qui a demandé une brève interview pour la radio).

402 2.10.1963 [mercredi], 2 p. (Ce matin une discussion intense a commencé. On m'a demandé de rassembler du matériel pour une réponse [probablement pour son intervention du 8.10.1963 *in aula* au sujet des «Apôtres comme fondement de l'Église»]. Ma note pour CIP est presque terminée. Elle traite de la compétence des modérateurs et de l'importance du discours du pape pour la discussion concernant l'Église).

403 3.10.1963 [jeudi], 2 p. (Hier un évêque italien[1] a attaqué le texte de Philips [Le nouveau schéma *De Ecclesia*]. Philips a demandé qu'un évêque fasse une réponse et c'est moi qui m'en chargerai).

404 5.10.1963 [samedi], 2 p. (Je n'ai pas encore parlé au concile; cela sera probablement pour lundi ou mardi. Je travaille encore à mon texte en faisant des recherches dans la patristique latine. Hier il y a eu une réunion avec une quinzaine d'évêques pour s'accorder sur les diverses interventions).

405 6.10.1963 [dimanche], 1 p. (Mon texte est prêt et j'ai également travaillé aux textes de De Smedt et Charue).

---

1. Il s'agit probablement de L. Carli.

406   7.10.1963 [lundi], 1 p. (De Smedt a parlé aujourd'hui: discours habile qui
      touche les sentiments des Pères mais théologiquement on pourrait faire
      quelques remarques[2]. Demain Suenens parlera en son nom personnel au
      sujet du diaconat; les évêques belges ne sont pas unanimes à ce sujet).

407   8.10.1963 [mardi], 1 p. (J'ai parlé ce matin; plusieurs évêques m'ont ensuite
      félicité et Philips a trouvé le discours «excellent», appréciation qu'il ne donne
      que rarement. De même Cerfaux et Rigaux m'ont félicité. Et on dit que les
      periti étaient très contents de mon intervention et de celle de Charue).

408   9.10.1963 [mercredi], 1 p. (J'ai déjà distribué 80 exemplaires du texte de
      mon intervention; Willebrands a demandé de me féliciter; l'évêque de Lour-
      des [P. Théas] a fait de même. Tout à l'heure je dois donner une conférence
      de presse et la sous-commission théologique m'a demandé de rédiger ensem-
      ble avec Cerfaux un projet de texte sur «L'Église et le Règne de Dieu» pour
      le schéma *De Ecclesia*).

409   11.10.1963 [vendredi], 1 p. (Je viens de terminer le texte sur le Règne de
      Dieu et Philips était très content. Et on m'a demandé de rédiger mainte-
      nant avec Cerfaux un texte sur les images bibliques de l'Église. Bettazzi,
      auxiliaire de Bologne, dans son discours *in aula*, a loué mon intervention
      et celle de Charue. Selon Suenens, le pape espère que la majorité des Pères
      se prononce pour le point de vue adopté par moi et d'autres évêques).

410   13.10.1963 [dimanche], 1 p. (Charue est malade et alité).

411   14.10.1963 [lundi], 1 p. (Thils m'a demandé d'intervenir dans le débat sur
      le chapitre III au sujet du laïcat. J'accepte de rassembler les éléments pour
      une intervention mais demanderai à van Zuylen de faire ce discours. Le
      débat traîne en longueur et je crois que mercredi, le 16.10.1963, il y aura
      un vote sur les principaux points discutés).

412   15.10.1963 [mardi], 1 p. (J'ai travaille au discours de van Zuylen[3]; et je me
      suis occupé du travail concernant la presse).

413   16.10.1963 [mercredi], 2 p. (Au concile, on avait annoncé le vote sur les
      Propositiones [questions d'orientation sur le *De Ecclesia*], mais des membres
      de la curie l'ont empêché; tout sera soumis au pape demain soir. On fait état
      de manœuvres pour ralentir les travaux et décourager les évêques. S'il en est
      ainsi, les conférences épiscopales vont sans doute protester auprès du pape).

---

2. Pour cette intervention, cf. *A. S.*, Vol. II, Pars II, p. 263-266.
3. Pour le discours de van Zuylen du 23.10.1963, cf. *A. S.*, Vol. II, Pars III, p. 239-242.

IIa INTERSESSIO

414 2.3.1964 [lundi], 1 p. (J'ai voyagé en compagnie d'un père jésuite de Maastricht [P. Smulders], qui siège dans la CFM; j'ai réussi à faire passer son amendement dans le texte. Maman aura appris qu'on a nommé Van Peteghem comme évêque de Gand[4]).

415 3.3.1964 [mardi], 1 p. (Le matin il y avait sous-commission biblique et l'après-midi commission doctrinale).

416 3.3.1964 [mardi], 1 p. (La première réunion de la CFM hier soir s'est bien passée. Mais on a encore essayé de supprimer un texte déjà approuvé, ce qu'on a pu empêcher. Selon une note de Tromp, on a de nouveau l'intention de revenir sur des textes déjà approuvés par la CFM et notre sous-commission [V]; Le cardinal [Ottaviani] espère que le travail sera prêt pour le dimanche de la Passion [15 mars]).

417 4.3.1964 [mercredi], 1 p. (Parente a été satisfait de mon travail, parce qu'à deux reprises il m'a proposé pour une nouvelle sous-commission. J'ai refusé, parce que j'ai déjà trop de travail, mais c'est une marque de confiance de la part du bras droit d'Ottaviani).

418 5.3.1964 [jeudi], 1 p. (Hier, il y avait commission mixte avec l'Apostolat des laïcs; réunion confuse et perte de temps; aujourd'hui réunion de 9h. à 12h.30 de 16h. à 19h.30 et à 20h.30 encore une réunion spéciale).

419 carte ms., probablement du 6.3.1964 [vendredi], 1 p. (À la commission, la grande bataille [sur la collégialité] aura lieu aujourd'hui et demain[5]).

420 7.3.1964 [samedi], 1 p. (Hier, session mémorable de la commission. Jusqu'à quatre fois Ottaviani et Browne ont essayé de refuser le texte sur la collégialité. Finalement le texte a été voté à l'unanimité. Mais, dans la suite, Ottaviani a distribué un texte de Browne et il a demandé qu'il soit soumis au vote. Ce texte est en contradiction avec le texte voté et les évêques l'ont refusé[6]. La collégialité est donc votée. Que les jésuites écrivent maintenant ce qu'ils veulent[7]).

---

4. La nomination de Van Peteghem ne sera qu'officielle en mai 1964. Des rumeurs persistantes que Heuschen a décliné l'offre d'être nommé évêque de Gand trouvent une confirmation – voilée – dans sa correspondance.

5. Cf. Journal Charue, p. 162.

6. Pour le texte de Browne, cf. F. Philips 1353.

7. Probablement une allusion aux articles du Père J. BEYER s.j., *Nature et Position du Sacerdoce*, dans *Nouv. Rev. Théol.* 76 (1954) 356-373 et 469-480.

421   8.3.1964 [dimanche], 2 p. (On a vécu deux journées historiques. Tous les points importants du *De Ecclesia* ont été discutés et chaque fois nous avons réussi de faire prévaloir le point de vue de l'épiscopat belge. Hier matin on a de nouveau dû discuter une heure et demie au sujet de la sacramentalité [de l'épiscopat], qui a été votée à 19 voix contre 8. L'après-midi, réunion de la sous-commission biblique avec la sous-commission V au sujet des successeurs des apôtres. J'ai présenté le texte, préparé avec Cerfaux et il a été accepté par 12 voix contre 2. Le card. König m'a félicité. Le vendredi soir, le P. Betti m'a félicité après le vote sur la collégialité parce que mon amendement[8] est passé. Hier une nouvelle sous-commission a été formée au sujet des sources de la révélation et j'ai été désigné comme membre).

422   10.3.1964 [mardi], 1 p. (Je crains que nous n'ayons pas fini le travail pour samedi. Peut-être qu'on pourra terminer lundi, si nous tenons deux réunions le dimanche de la Passion. J'espère que la présidence marquera son accord [en fait la CFM terminera ses travaux dès le samedi 14.3.1964]).

423   11.3.1964 [mercredi], 1 p. (Demain on doit encore discuter le texte sur les évêques, successeurs des apôtres. On prévoit encore quelques tensions au sujet du *De Beata*. Je dois reconnaître que, malgré des discussions parfois serrées, l'atmosphère est cordiale et amicale et qu'on a bien travaillé. Cette session restera mémorable et aura imprimé son empreinte sur la constitution du *De Ecclesia*).

IIIa SESSIO

424   13.9.1964 [dimanche], 1 p. (Demain après la cérémonie d'ouverture, il y a déjà une réunion de la commission théologique. L'atmosphère n'est pas mauvaise mais certains milieux insistent auprès du pape pour ne pas laisser passer les «hérésies» du chapitre III du *De Ecclesia*, surtout en rapport avec la collégialité).

425   15.9.1964 [mardi], 1 p. (K. Goris m'a demandé de dire quelques paroles à la radio; le P. Teuwen m'aide beaucoup en ce qui concerne la presse; aujourd'hui à 4h., réunion de la commission théologique).

426   16.9.1964 [mercredi], 1 p. (Lundi, cela a chauffé à la commission. Mais j'ai l'impression que la minorité va se rallier au point de vue de la majorité et que dans l'*aula* les choses se passeront plus facilement. L'opposition entreprend des efforts pour influencer les Pères. Il faut dès lors répondre par une

8. Cf. F. Philips 1349.

contre-offensive. J'ai dû rédiger une note au sujet du problème des Juifs, mais je ferai seulement une intervention écrite).

427 19.9.1964 [samedi], 2 p. (Les réunions de la commission [théologique] ne sont pas agréables parce qu'il y a toujours de nouveaux incidents, surtout à cause de la partialité du secrétariat du concile qui a publiquement pris position contre la collégialité et qui tente l'impossible pour faire échouer le texte. La semaine prochaine sera une semaine difficile. Les votes jusqu'ici ont été favorables; au minimum toujours une majorité de 74%).

428 20.9.1964 [dimanche], 2 p. (À partir de demain, nous entrons dans la semaine décisive du concile. Un moment on a craint que l'opposition ne réussisse à empêcher le débat. Mais ceci semble maintenant exclu. Nous avons dû travailler fébrilement pour répondre à un certain nombre d'objections, qui étaient répandues parmi les Pères. L'opposition a même suggéré au pape de congédier les membres de la commission théologique et de les remplacer par des gens plus sûrs. Comme les textes ont été votés par 29 voix sur 30 présents, une telle décision aurait eu comme conséquence de devoir démissionner également 4 des 5 membres du Saint-Office, dont le cardinal Ottaviani. Je reste confiant parce qu'il n'est pas possible que plus des deux tiers des Pères soient dans l'erreur. Il n'est pas possible non plus que l'Église doive être sauvée par des pratiques obscures et malhonnêtes, qui sont une violation continuelle du Règlement du concile).

429 22.9.1964 [mardi], 2 p. (Ce matin, les Pères ont voté à plus de 85% un des deux textes fondamentaux du concile).

430 25.9.1964 [vendredi], 2 p. (Explication de la tactique pour les votes *placet iuxta modum*: concentrer les *modi* sur quelques Pères, par ex. un par conférence épiscopale, afin que la majorité des 2/3 ne soit pas mise en danger; je prévois beaucoup de travail avec l'*expensio modorum*).

431 26.9.1964 [samedi], 2 p. (On m'a demandé de préparer une intervention au sujet de la valeur historique des évangiles, pour le cas où le cardinal Ruffini attaquerait à nouveau le texte du schéma [*De Revelatione*]. Philips et Charue l'ont lue et étaient très contents).

432 29.9.1964 [mardi], 2 p. (Hier, pluie à Rome, embouteillages: une heure et demie de Saint-Pierre au collège belge).

433 30.9.1964 [mercredi], 2 p. [la lettre porte la date du 3.9.1964, ce qui est manifestement une faute de frappe] (Il y a beaucoup de travail à la commission théologique. Philips commence à être fatigué et je peux l'aider. L'opposition reste active. Ils ont été chez le pape pour lui signaler qu'il y a

plus de 4.000 *modi* pour le chapitre III [du *De Ecclesia*], dont les 3/4 sont proposés par la même personne et signés par tout un groupe d'évêques italiens. Ils ont demandé au pape d'étudier lui-même ces *modi* avant de les communiquer à la commission. Comment le pape pourrait-il avoir le temps de lire tous ces amendements? On voit la manœuvre: gagner du temps, afin que le texte ne puisse plus être voté pendant cette session. Hier, j'ai discuté pendant trois heures avec le P. Congar afin de réduire son texte de 2 p. à 3/4 de page et de corriger les citations scripturaires. Philips était trop fatigué pour cette discussion. Maintenant le nouveau texte a été adopté).

434 1.10.1964 [jeudi], 2 p. (Le chapitre III est approuvé par le concile à 72 et 77% des votes. Heureusement que le texte a été voté en deux fois (Tromp nous a aidé sans le vouloir). L'opposition a fait circuler une lettre demandant des signatures afin de dénoncer auprès du pape le caractère irrégulier du vote sous prétexte qu'on avait voté en deux fois et non pas en une).

435 4.10.1964 [dimanche], 2 p. (La plupart des évêques belges rentreront en Belgique pour les élections communales du 11.10.1964. Je reste à Rome et j'aurai assez de travail pour remplir mes journées).

436 6.10.1964 [mardi], 2 p. (J'ai fait mon intervention au concile[9]; Mgr C. Colombo m'a félicité ainsi que Döpfner (via Suenens), Léger et König. L'évêque de Verdun [P. Boillon] a dit: «aussi remarquable pour le fond que pour la façon de le présenter». Hier soir, on a appris à la commission que pour le chapitre III il y avait 5.561 *modi*. Heureusement que le texte a obtenu une majorité de 2/3: ainsi on ne doit pas tenir compte de tous les *modi* qui vont à l'encontre du texte. J'ai promis au P. Tromp de l'aider, ainsi que Moeller, qui lui non plus ne rentre pas en Belgique. Le card. Micara a écrit une lettre au pape pour lui signaler les théories dangereuses contenues dans le chapitre III. Un certain nombre de cardinaux italiens de curie ont écrit au pape pour demander avec insistance que la commission théologique soit élargie à des éléments plus fiables, afin que le point de vue de la minorité puisse être entendu. Mais je garde confiance: aussi longtemps que le concile dure, nous sommes assez forts pour neutraliser ce raz de marée italien).

437 8.10.1964 [jeudi], 1 p. (Je vous envoie un texte de *L'Ossservatore Romano* avec le compte rendu de mon intervention au concile).

---

9. Pour cette intervention, du 5.10.1963, au sujet de l'historicité des évangiles, cf. *A. S.*, Vol. III, Pars III, p. 317-321.

438 8.10.1964 [jeudi], 1 p. (Je rentre de l'enterrement du Père général des jésuites [J. B. Janssens]; aujourd'hui le cardinal [Suenens] parlait du 15 novembre comme date finale de la session, mais ce n'était qu'un ballon d'essai. Je
mise plutôt sur le 22 novembre).

439 11.10.1964 [dimanche], 2 p. (On a eu deux jours de dur travail. 2024 *modi*
ont été classés pour la discussion. Ainsi la sous-commission peut commencer son travail. Au total, il y a 5.606 *modi*. Le secrétariat de la commission
ne classe que 500 *modi* par jour. Je crains qu'ils me demandent de faire
tout le travail. Je n'y rechigne pas et cela me permettrait de ne plus assister
aux congrégations générales du matin. Le pape est intervenu pour demander que le texte sur les Juifs soit intégré dans le schéma *De Ecclesia*; je ne
comprends pas cette demande. De même une nouvelle commission a été
chargée du texte sur la Liberté religieuse[10]: 3 des 4 membres, que le pape
a nommés, sont très conservateurs. C'est une gifle pour le Secrétariat pour
l'Unité. Nous avons téléphoné au cardinal et à Mgr Charue pour qu'ils ren-
trent à Rome sans délai: leur présence est requise ici. Je viens d'apprendre
que quelques cardinaux se sont réunis pour protester contre les décisions
récentes du pape et attirer son attention sur leur effet négatif).

440 12.10.1964 [lundi], 1 p. (Le P. Tromp est content du travail que nous avons
réalisé samedi et dimanche et il nous a demandé de continuer à l'aider.
J'ai encore traité 500 *modi* aujourd'hui; avec le reste cela fait 1.100. Ainsi
nous arrivons à 3.200 *modi* traités en 3 jours. Si on nous laisse travailler,
nous serons prêts jeudi prochain [15.10.1964]. Les journaux publient la
lettre de protestation de 16 cardinaux. On a déjà clôturé le débat sur
l'apostolat des laïcs: on veut accélérer le travail).

441 14.10.1964 [mercredi], 2 p. (Notre équipe a travaillé pendant 4 jours pour
classer 4.000 *modi*; ahurissement puis enthousiasme du P. Tromp, qui dit
partout qu'il ferait mieux de transférer son secrétariat du Vatican au collège
belge. Au début, il a fait quelques difficultés à nous donner les textes, mais
maintenant il est charmant et a même proposé au cardinal König de se faire
remplacer par moi comme président de la sous-commission. Le cardinal
König me l'a raconté en souriant et a ajouté qu'à Rome les miracles ne sont
pas exclus. Le cardinal ne demandait pas mieux et pour moi ce n'est qu'un
minime surcroît de travail, parce que je dois quand même taper les rapports
à la machine. D'ailleurs, les discussions de la sous-commission se passeront

---

10. Toujours Mgr Heuschen écrit «gewetensvrijheid» ce qu'on devrait traduire par
«liberté de conscience». Mais il s'agit évidemment du schéma sur la Liberté religieuse.

dans l'avant-midi et ainsi je peux m'absenter des congrégations générales. Et Mgr Musty me remplacera pour les contacts avec la presse [belge]. Vous aurez appris que les nuages se sont dissipés après l'intervention du cardinal Frings, au nom de 15 cardinaux. Le pape semble ne pas avoir été tout à fait au courant des manœuvres du secrétariat du concile. Demain, nous apprendrons quand la session prendra fin).

442   17.10.1964 [samedi], 2 p. (Jeudi soir, Felici s'est excusé vis-à-vis des modérateurs, en présence du pape. Il a dit qu'il n'a pas bien compris ou interprété les paroles du pape et il a promis de ne plus prendre de telles décisions sans en parler aux modérateurs. On verra s'il tient parole. Hier et aujourd'hui nous avons déjà discuté 1.000 *modi* en sous-commission. Pour une partie, j'ai déjà rédigé le rapport officiel pour la commission. Ainsi on pourra déjà dès mercredi commencer la discussion en commission).

443   18.10.1964 [dimanche], 1 p. (Le concile va se terminer le 21 novembre. Felici a essayé, pendant un certain temps, de prolonger la session jusqu'au 8 décembre afin de pouvoir terminer le concile. Dans deux sous-commissions, nous avons déjà discuté 1.000 *modi*; Tromp était si content qu'il m'a demandé de venir également aux deux autres sous-commissions et d'y remplacer Parente et Henriquez. J'ai dit que j'acceptais à condition toutefois que ces deux évêques me le demandent. Tout cela a comme conséquence que je dois travailler dans 4 sous-commissions du *De Ecclesia*, dans une sous-commission au sujet des sources de la Révélation, et en plus dans la commission théologique plénière).

444   21.10.1964 [mercredi], 1 p. (Nous sommes submergés de travail. Hier, il y a eu un incident pénible dans la CFM. Ottaviani a lu une lettre, signée par Dell'Acqua, qui insiste pour qu'un membre de la minorité soit ajouté à la sous-commission chargée de traiter les *modi* pour la commission plénière. C'est une preuve qu'on ne nous fait pas confiance, qu'on croit que nous cachons certains *modi* ou que nous ne les traitons que superficiellement. Même le P. Tromp était furieux [de ces soupçons]. On a proposé que le P. Tromp aille à la Secrétairerie d'État expliquer notre façon de travailler. Mais le P. Tromp était si fâché qu'il a refusé. La chose la plus pénible est que nous avons appris aujourd'hui, via Mgr Colombo, que la suggestion [d'ajouter un membre de la minorité] vient du pape lui-même. Le pape veut [ce remaniement], mais n'ose pas le dire lui-même. Le dernier qui vient chez lui a raison. Non, le pape n'a pas la personnalité de son prédécesseur. Il semble que pour le texte sur les Juifs, il y aura quand même une commission mixte mais on a remplacé certains membres. Ce qui est certain aujourd'hui ne l'est plus le lendemain. Raison de plus pour que le texte sur

l'Église soit voté avant le 21 novembre. Autrement on pourrait à nouveau faire des manœuvres).

445 23.10.1964 [vendredi], 1 p. (Je rentre de la CFM, où on a discuté pendant une heure et demie et ainsi empêché que le travail n'avance. Si on ne réussit pas à accélérer le travail, on ne sera pas prêt avant la Toussaint. Alors il sera très difficile de terminer le *De Ecclesia* cette session. Plusieurs avant-midi je suis resté au collège pour travailler, mais cela ne sera pas utile si on continue le sabotage à la commission plénière).

446 24.10.1964 [samedi], 1 p. (Je viens de terminer les 14 stencils que j'ai tapés aujourd'hui, avec le texte des réponses sur une partie des *modi*. Nous avons déjà traité 3.800 *modi*. Si je peux continuer à ce rythme, j'aurai terminé mercredi prochain et on pourra encore tout traiter à la commission avant la fin de la semaine. Après les incidents de mercredi passé, nous avons fait sentir notre mécontentement et cela a produit son effet. Hier tout le monde était gentil et nous a complimentés. Mais combien de temps cela durera-t-il?)

447 26.10.1964 [lundi], 1 p. (Hier et ce matin, nous avons tout le temps travaillé à cette masse de *modi*. Le stencil que je viens de terminer a traité le *modus* 5.200 et à ce rythme j'aurai terminé les 6.000 *modi* du chapitre III à la fin de la semaine. En plus il y a encore les *modi* pour les chapitres IV, V, VI, VII et VIII, au total encore 1.500. Et tout cela doit être prêt dans la première semaine après la Toussaint. Si nous pouvons tenir ce programme, la constitution pourra être votée *in aula*. Et cela n'aura été possible que grâce au collège belge et au travail qui y a été accompli. Espérons que l'imprimerie ne mettra pas des bâtons dans les roues).

448 29.10.1964 [jeudi], 1 p. (Je viens de terminer les derniers stencils pour les 6.000 *modi* du chapitre III. Demain ils seront discutés en commission et ainsi nous serons prêts avant la Toussaint.
Il y a encore les 2.000 *modi* des chapitres 4 à 8, mais cette matière est moins difficile et les gens de la curie ne s'y intéressent pas autant qu'à ceux du chapitre III. J'espère qu'ici je serai prêt mardi prochain et que la discussion à la commission sera terminée jeudi prochain. Mgr Philips est très fatigué et il me passe une grande partie du travail. Hier, il me disait: «Monseigneur, c'est vraiment un travail d'esclave. Sans vous, on n'aurait jamais réussi à soumettre le texte *in aula* avant la fin de la session». Actuellement, le Père Tromp est tout miel et me laisse organiser tout le travail. Il est conscient que si on avait continué à travailler au rythme de son secrétariat, on n'aurait pas terminé avant trois mois).

449 30.10.1964 [vendredi], 1 p. (Ce soir, nous avons eu la dernière réunion de la sous-commission pour cette semaine et nous avons terminé les *modi* concernant le chapitre VI (ce matin nous avons fait le chapitre V). Les réponses doivent encore être rédigées et tapées, mais je serai prêt pour lundi soir. Et aujourd'hui j'ai aussi eu en main les *modi* concernant le chapitre VIII. D'abord, Tromp ne pouvait me les donner que mercredi prochain. Mais j'ai été réclamer auprès de Mgr Colombo et je lui ai dit: «Si vous voulez que Mgr Philips reste en vie, procurez-moi les *modi* vendredi après-midi. Ainsi je peux lui préparer le travail et il ne sera pas astreint à travailler la nuit». Et le miracle s'est produit. On est venu me dire à 12h. qu'il y avait trois boîtes de *modi* (plus de 2.000) pour moi à Santa Marta[11]. Pour demain, j'ai sollicité l'aide de 5 personnes et je suis convaincu que mardi soir nous serons prêts et que mercredi matin, on pourra tout discuter en sous-commission. Ainsi on pourra traiter le tout en commission jeudi ou vendredi et à la fin de la semaine prochaine, le texte pourra partir chez l'imprimeur).

450 Carte vue de Heuschen, s. d. [mais du dimanche 1.11.1964] (J'ai fait une excursion à Terracina).

451 3.11.1964 [mardi], 1 p. (Nous avons pu terminer notre travail: les textes sont prêts pour être discutés demain à la commission (chapitres V, VI et VII). En plus nous avons classé 3.002 *modi* concernant le chapitre sur la Vierge, qui pourront être discutés en sous-commission demain matin. Et nous avons fait nous-mêmes 5 *modi* concernant le Décret sur les Évêques. On les a multipliés à 1.500 exemplaires et on les a passés à autant d'évêques (Léon [Neyens][12] a parcouru Rome en voiture pendant 10 heures pour les distribuer). Dans ce schéma, les gens de la curie voudraient déforcer quelques textes du *De Ecclesia* par des formules juridiques. Nous espérons que, grâce à notre contre-offensive, plus de 1.000 Pères voteront *iuxta modum*. Ainsi la commission sera obligée de changer son texte. Mgr Philips peine beaucoup. Aujourd'hui encore un coup de téléphone du Vatican. Mgr Colombo est venu avec un texte d'introduction de 6 pages[13]. S'il soumettait ce texte à la commission demain, il y aurait à nouveau des tensions. Nous avons essayé de convaincre Mgr Colombo [de s'abstenir] et de le dire au pape. Nous avons nous-mêmes fait une brève introduction[14], qui sera acceptée par la

---

11. L'hospice Santa Marta se trouve dans l'enceinte du Vatican. Le secrétariat de la commission doctrinale y avait ses bureaux.
12. Léon Neyens était le chauffeur de Mgr van Zuylen et l'avait accompagné au concile.
13. Pour ce texte, cf. F. Philips 1899.
14. Cf. F. Philips 1898.

majorité de la commission et qui donne des garanties suffisantes à la minorité, sans mécontenter la majorité. Il reste difficile à comprendre qu'on soit si soupçonneux au Vatican et qu'on veuille chaque fois faire une démarche susceptible de compromettre sérieusement le pape. Je ne crois pas que le pape osera affronter la commission. Ce serait une catastrophe dans l'*aula* et on aurait une masse de *modi* contre un texte corrigé par le pape. Ce serait un comble! En tout cas, la commission ne cédera point. Encore quelques jours qui mettent nos nerfs à rude épreuve et puis tout sera fini).

452 5.11.1964 [jeudi], 1 p. (Il est jeudi soir et je viens de terminer 5 stencils et je dois encore en faire 8 ou 9 avant 9h. demain matin. En effet, il faut les distribuer *in aula* avant 10h., parce qu'on a commission l'après-midi. Nous venons d'avoir un coup de téléphone du Vatican: le pape renonce à faire discuter le texte de Mgr Colombo en commission, mais il veut maintenant relire tout le texte de nos réponses et il tient à modifier un passage. Je crois que la commission sera d'accord, mais le texte modifié de ce passage est moins bon (pour le pape) que le texte que la commission avait rédigé. Je crois qu'avec cette réserve la dernière résistance sera vaincue et qu'on pourra envoyer le texte avant la fin de la semaine à l'imprimeur).

453 8.11.1964 [dimanche], 2 p. (Hier, en commission nous avons terminé le chapitre VII et nous avons porté le texte à l'imprimeur. Aussi le chapitre III est chez l'imprimeur, mais ne sera distribué que quand le pape l'aura vu et approuvé. À la dernière réunion de la commission Mgr Colombo n'a pas réussi à faire passer un amendement que le pape désirait. Vendredi, le pape a encore une fois écouté des conseillers mal inspirés en demandant qu'on vote les propositions du schéma sur les Missions. Et ceci quand on savait que les évêques missionnaires étaient opposés au schéma et demandaient que le texte soit renvoyé à la commission. Ceci donnera encore des arguments aux gens de la curie pour dire au pape: «Vous voyez bien ce que c'est que la collégialité. Vous demandez quelque chose et les évêques n'écoutent plus». Hier, notre cardinal a dû rectifier *in aula* en partie son discours de la semaine précédente au sujet du mariage. Le pape était mécontent parce que le cardinal avait demandé que la liste des membres de la commission pontificale [sur la natalité] soit rendue publique. [Le cardinal avait fait cette demande] parce qu'il ne réussit pas à faire nommer quelques experts étrangers dans cette commission, à cause de la résistance de la curie[15]. Vous voyez

15. Pour cet incident, cf. FConc. Suenens 2242-2246. C'est le cardinal Agagianian qui est venu le 4.11.1964 au collège belge pour exiger, au nom du pape, une rétractation de Suenens (cf. F. Philips 1921). Et il est probable que le pape a demandé cette rétractation sur suggestion de Mgr Colombo. Cf. la lettre de Colombo au pape du 3.11.1964 (F. Colombo 765, LG-03-17).

que les incidents se succèdent. On est devenu trop nerveux en raison de toute cette obstruction et le ton est devenu trop aigre. Il est temps que la session se termine).

454   10.11.1964 [mardi], 2 p. (Hier soir, nous avons eu une mauvaise réunion de la commission au sujet de la Déclaration sur la Liberté religieuse. Le texte a été approuvé avec une majorité mais sous condition. Toutefois, les Américains ont exercé une telle pression sur le pape que je crois qu'on laissera passer le texte. Aujourd'hui, nous avons eu une bonne réunion au sujet des sources de la Révélation: toutes les corrections, que nous avons proposées en sous-commission, ont été acceptées. Le projet de Colombo [en rapport avec le chapitre III du *De Ecclesia*] a été refusé. Ce midi un journaliste est venu demander au collège belge si le texte de Colombo, qui était strictement confidentiel, venait de Colombo ou du pape. On a raconté ce fait à Colombo et on lui a dit que son texte n'avait aucune chance de passer à la commission. Ainsi on éviterait une deuxième réponse négative au pape dans la même semaine. D'ailleurs, le but de son texte – l'accord des opposants irréductibles – n'a pas été réalisé. En effet, le cardinal Browne a déclaré que le texte de Colombo ne lui donnait pas satisfaction. Alors Colombo n'a pas insisté. Et ce soir nous lui avons donné les épreuves pour le pape. Nous ne pouvons qu'attendre l'approbation du pape, mais la situation est tellement tendue que je ne vois pas comment le pape pourrait arrêter ce texte, sans scier la branche sur laquelle il est assis. Je crois que demain ou après-demain nous obtiendrons son approbation. Lundi passé [au sujet du Décret sur les Missions] on a posé la question d'approbation du texte d'une façon très diplomatique pour éviter que les Pères ne votent contre le pape. C'était un vote: *placet quia non placet*.
Le vote de la semaine passée [concernant le Décret sur les Évêques où Heuschen avait introduit des *modi*] a été très bon et nous avons obtenu le succès escompté).

455   12.11.1964 [jeudi], 2 p. (Je vous écris – à 10h. du soir – avec joie après plusieurs journées difficiles. Hier on nous a communiqué qu'on aurait aujourd'hui une réunion spéciale de la commission théologique. Entre temps on avait déjà donné confidentiellement à Philips le texte d'une lettre du pape, dans laquelle il demandait que le chapitre III soit précédé d'une Note explicative (selon toute vraisemblance il pensait au texte de Colombo). De plus on devrait introduire quelques changements et dans le texte et dans l'*expensio modorum*. Hier soir, Philips est venu me chercher pour lire ces notes. Elles étaient inspirées par le jésuite Bertrams et la plupart, sauf quelques-unes, étaient acceptables. Nous pensions qu'on devait essayer de

refuser ce texte préliminaire parce qu'il nous demanderait plusieurs jours de travail et empêcherait ainsi l'approbation de la constitution pendant cette session. Par ailleurs on devrait faire échouer au moins un des quatre amendements proposés parce qu'il mettrait le pape dans une position impossible vis-à-vis des Églises orientales, dont on déclarait que les évêques ne possédaient ni juridiction ni magistère authentique. Dans ce cas, le dialogue avec les Orientaux prendrait fin. Aujourd'hui, nous avons eu deux réunions au sujet de ces suggestions du pape et la commission se rallia à notre avis. Je viens de préparer la réponse de la commission pour le pape et à 8h. quelqu'un du Vatican est venu la chercher. Il nous communiqua que le cardinal Ottaviani, qui avait déjà vu le pape, avait l'impression que le pape approuverait les propositions de la commission et que le texte serait distribué *in aula* lundi prochain. Je ne crois cependant pas que la minorité sera satisfaite et votera notre texte. En tout cas on a fait l'impossible pour leur donner satisfaction, avec le danger de mécontenter la majorité. Nous avons terminé les textes sur la Révélation et sur les religions non-chrétiennes. J'espère qu'on pourra encore soumettre ces textes au concile.

Il semble que le pape n'est pas très content du résultat du vote sur le texte des Missions. Il a nettement senti que les Pères ne partageaient pas son point de vue. Il semble être d'avis que le pape ne peut jamais avoir tort, comme s'il était toujours infaillible, même quand il ne parle pas *ex cathedra*. Il ne semble pas comprendre qu'il ne peut se fier uniquement à quelques hommes, mais qu'il doit se renseigner également hors de son propre cercle. Il n'est pas acceptable, par exemple, que, après la consultation d'un jésuite[16], il ait arrêté l'impression du chapitre III, sans avoir donné la possibilité à Mgr Philips ou à un autre théologien de la commission de discuter avec lui les arguments du P. Bertrams et de les réfuter. Il est dès lors inévitable que la commission ne le suive pas, parce que le jésuite en question ne connaît rien de la préhistoire du texte et fait ainsi quelques suggestions qui sont dangereuses et inacceptables. La commission a dès lors le droit et le devoir de signaler ce fait au pape, ce qui chaque fois le met de mauvaise humeur. Mais la faute est à attribuer à sa méthode de travail. S'il prenait la précaution de bien s'informer et de laisser la parole à chacun, il n'en arriverait pas chaque fois à ces situations pénibles. Je crains toutefois que, vu son caractère, il devienne de plus en plus méfiant et isolé. Dans ce cas, l'histoire des dernières années de Pie XII va se répéter. Quelle perte a été la mort de Jean XXIII. Mais peut-être le Saint-Esprit suit-il ces voies pour convaincre l'Église que le prochain pape ne peut plus être un Italien.

16. W. Bertrams.

J'avais espéré pouvoir vous téléphoner lundi soir, mais j'apprends que le P. Tromp veut absolument nous offrir un souper pour nous remercier de toute notre aide).

456 15.11.1964 [dimanche], 2 p. (Nous avons encore eu des journées mouvementées. On a attendu la réponse [du pape] vendredi matin, mais rien n'est arrivé. Vers 1h. le P. Tromp est venu apporter une lettre de la Secrétairerie d'État. On croyait avoir la décision en main, mais ce n'était qu'une lettre d'un membre de la commission, adressée au pape et dans laquelle ce membre se plaignait que la commission n'écoute plus la minorité et proposait quelque corrections du texte, qu'il croyait absolument nécessaires. Et dire que cet homme donnait toujours, en commission, l'impression d'être de notre bord et en accord avec nous[17]. Mgr Philips était catastrophé et croyait la cause perdue. J'ai été me promener une heure avec lui pour le calmer et le convaincre que le pape ne répondrait pas avant la soirée (il avait assisté le matin à la messe de Maximos IV et la sieste est sacro-sainte pour tous les Italiens). À 6h. le secrétaire du card. Ottaviani est venu nous dire que le pape était satisfait de la réponse de la commission (réponse que j'avais rédigée jeudi soir avec Mgr Philips). Nous nous sommes empressés de corriger les épreuves et à 6h.25 on téléphonait du Vatican pour demander d'urgence les textes afin de pouvoir les imprimer pendant la nuit avec une équipe renforcée. Hier, les textes ont été distribués *in aula* pour être votés mardi et mercredi. Il n'y a plus qu'un danger qui puisse nous menacer. La semaine passée, des bruits incontrôlés ont circulé parmi les Pères. On affirmait que le pape avait tellement fait changer le texte qu'il ne restait plus rien de la collégialité. Je ne sais pas combien de Pères vont lire ce texte [l'*expensio modorum*] de plus de 200 pages – grand format – qu'on leur a donné hier, ni combien seront capables d'en comprendre le contenu. Je crains que certains *periti* ne fassent campagne contre l'un ou l'autre mot dans le texte qu'ils ne comprennent pas bien. Et ce serait une catastrophe si quelques centaines d'évêques de la majorité votaient contre le texte, parce qu'ils ne le trouvent pas assez fort. Tandis que la minorité continuera à voter contre parce que, à son avis, il est trop fort. Aujourd'hui et demain nous essaierons d'atteindre le plus possible d'évêques pour les convaincre de voter «oui»).

457 s. d. [mais du lundi 16.11.1964], 1 p. (Encore une journée difficile. Pendant toute la matinée, j'ai dû circuler *in aula* pour rectifier le mal qui a été fait par certains *periti*, qui pourtant sont de notre bord. J'ai dû me fâcher contre le P. Congar, qui a finalement compris et promis de faire savoir à plusieurs

---

17. Pour ce texte de M. R. Gagnebet, cf. F. Philips 1908, 1909.

conférences épiscopales qu'elles devaient voter «oui», tandis que hier soir il avait dit qu'on ne pouvait laisser passer le texte de la note préliminaire, parce qu'elle était inacceptable pour les Orientaux. Et ceci précisément alors que nous avions refusé une formule du pape, qui – elle – était inacceptable pour les orientaux[18]. J'ai dû tranquilliser le cardinal Alfrink, parce que le P. Schillebeeckx l'avait inquiété[19]. Par l'intermédiaire de quelques évêques allemands j'ai fait de mon mieux pour empêcher que le card. Frings, excité par un jésuite allemand[20], le P. Ratzinger, prenne une initiative qui excite l'opposition. J'ai pu empêcher qu'une centaine d'évêques noirs n'écrivent une lettre de protestation au pape. C'était à devenir fou. Maintenant, nous laisserons travailler le Saint-Esprit. Comme ces *periti* peuvent être de grands enfants!).

458 17.11.1964 [mardi], 1 p. (Le texte a été voté à 98%. Personne ne s'attendait à cela. Maintenant le pape sera tranquille. Le pape a écrit une lettre pour remercier les membres de la commission doctrinale. Jeudi soir, les évêques belges seront reçus par le pape. Ce midi, nous avons reçu le card. Döpfner et quatre évêques allemands pour fêter la victoire. Le cardinal Döpfner était très aimable avec moi, notamment parce que nous sommes du même cours [à la Grégorienne]. Je dois encore recevoir le correspondant du *Standaard* et ensuite aller au Vatican pour corriger les épreuves. Dans l'*aula* tout le monde était content. Maintenant le pape comprendra que nous avions raison de persévérer et que la commission, qu'il voulait encore modifier il y a seulement une dizaine de jours, l'a sauvé).

IIIa INTERSESSIO

459 1.2.1965 [lundi], 2 p. (Première journée de travail à Ariccia. Heureusement que nous avions un texte préparé [le texte sur le mariage, préparé à Hasselt en janvier 1965]. Aujourd'hui, nous avons terminé 3 des 5 numéros et toute la doctrine a été acceptée. Bien sûr nous devons encore reformuler certains passages. À ce rythme, nous aurons terminé demain soir. J'ai proposé que le groupe de travail, qui s'est réuni à Hasselt, reprenne mercredi à Rome tout le texte pour le mettre au point. Alors la commission pourra revoir tout le texte jeudi. Ainsi, nous aurions fini vendredi, tandis que plusieurs autres [sous-] commissions ne disposent pas encore d'un texte).

---

18. Pour cette discussion avec Heuschen, voir aussi Journal Congar, II, p. 268-269 (la question des Orientaux se trouve dans la N. B. de la *Nota Praevia*).

19. Pour l'attitude de Schillebeeckx, cf. Journal Congar, II, p. 268.

20. J. Ratzinger n'était pas jésuite mais prêtre séculier.

IVa SESSIO

460 12.9.1965 [dimanche], 1 p. (arrivée à Rome pour la 4ᵉ session).

461 13.9.1965 [lundi], 1 p. [rien sur le concile]

462 16.9.1965 [en fait, le mardi 14.9.1965], 1 p. (la cérémonie d'ouverture).

463 15.9.1965 [mercredi], 1 p. (Je ne pourrai plus m'occuper de rédiger les résumés des débats *in aula* pour la presse belge).

464 16.9.1965 [jeudi], 2 p. (J'ai l'impression que le débat *in aula* se déroulait sans beaucoup d'intérêt: fatigue des Pères?).

465 17.9.1965 [vendredi], 2 p. (beaucoup de critiques sur le schéma de la Liberté religieuse: danger que le texte n'obtienne pas les 2/3).

466 19.9.1965 [dimanche], 1 p. (Demain, le débat sur la Liberté religieuse prendra fin. Cardijn va prendre la parole et on a aussi demandé une intervention à quelques cardinaux, ce qui sera bien nécessaire. J'ai moi-même donné quelques corrections par écrit[21], ce que je ferai également pour le schéma XIII[22]).

467 20.9.1965 [lundi], 2 p. (Il y a eu des tensions au sujet du vote du schéma sur la Liberté religieuse. Quoique non imposé par le règlement, plusieurs veulent un vote pour savoir où on en est. Le pape aussi est favorable à un vote, à cause de son voyage prochain à l'ONU. Il y avait réunion des modérateurs et des présidents et le pape a demandé un vote mais sur une formule malheureuse (due à Colombo). Ce conseil s'est prononcé contre un vote. Au dernier moment, j'apprends que Mgr Willebrands doit rédiger une note pour le pape demain à 8h. au sujet du schéma sur la Liberté religieuse et l'examen qui en a été fait à la commission doctrinale. Les modérateurs sont convoqués chez le pape pour demain matin à 8h.45. Peut-être que le pape imposera-t-il malgré tout un vote. Tout cela nuit au prestige du concile. Et on prévoit des difficultés analogues pour le schéma XIII).

468 21.9.1965 [mardi], 2 p. (Ce matin, on a voté sur la Liberté religieuse. Avant de partir au concile, il y a eu encore un coup de téléphone [pour le cardinal Suenens] pour décommander la réunion des modérateurs chez le pape, mais le cardinal Agagianian (modérateur du jour) était convoqué chez le pape. Finalement, on a voté mais sur une formule bâclée en toute vitesse

---

21. *A. S.*, Vol. IV, Pars II, p. 186-187.
22. Au sujet de la paix, cf. *A. S.*, Vol. IV, Pars III, p. 815-820.

et qui ne donnait satisfaction à personne: ni aux protagonistes du schéma, parce que la formule disait que le texte devait être amendé selon la doctrine catholique sur la vraie foi (ce qui peut donner l'impression que le texte actuel ne donne pas toutes les garanties nécessaires), ni aux adversaires, parce qu'on leur promet que le texte sera amendé tenant compte des interventions *in aula*, tandis que le règlement dit que si le texte obtient une majorité des 2/3, on ne doit pas tenir compte des interventions qui vont à l'encontre du texte. Le vote a donné 90% de «oui», mais il n'y avait pas d'enthousiasme parce que tout le monde se sentait un peu dupé. Une fois de plus, il a été prouvé que Mgr Colombo, pourtant un bien brave homme, n'est pas très habile dans la rédaction de textes pontificaux. Jusqu'ici, le schéma sur la Révélation a bien passé. Il y a beaucoup moins de *modi* que l'année passée [au sujet du *De Ecclesia*]. Demain, nous commencerons à faire un premier classement des *modi* et à la fin de la semaine on aura déjà préparé les réponses aux *modi* concernant les 2 premiers chapitres. On a commencé le débat sur le schéma XIII. Les Français ont dû écouter beaucoup de critiques au sujet du latin de la 1ᵉ partie. Tandis que le card. Bea a loué la langue dans laquelle était rédigée notamment notre chapitre sur le mariage et la famille).

469 22.9.1965 [mercredi], 1 p. (Les travaux de la commission ont commencé: ce matin, j'ai quitté l'*aula* à 10h. pour aller travailler à Santa Marta et cet après-midi, de 4h. à 7h. Demain soir, nous sommes invités au collège hollandais).

470 23.9.1965 [jeudi], 2 p. (Une fois de plus il y a beaucoup de *modi* [sur le *De Revelatione*] mais ce ne n'est pas comme l'année passé où l'on en avait 20.000 [sur le *De Ecclesia*]. Cette fois-ci je n'ai même pas dû proposer mon aide dans le traitement des *modi*. Hier, le P. Tromp est venu m'en apporter tout un paquet, comme s'il croyait évident que je m'en charge).

471 24.9.1965 [vendredi], 2 p. (On a été hier au collège hollandais et on était très bien reçu. Mais on voyait que certains Hollandais étaient un peu froissés par le discours de Philips à la réunion des doyens au Limbourg[23]. Cela ne leur fera pas de mal d'apprendre ce qu'on pense à l'étranger de certaines situations en Hollande. Le travail en commission avance, mais traiter tous ces *modi* [sur le *De Revelatione*] est un travail astreignant, qui cependant prendra moins de temps que la fois passée [sur le *De Ecclesia*]. D'autre part, on apprend aujourd'hui que le pape, influencé par la minorité qui ne représente même

---

23. Cf. G. PHILIPS, *Eigentijdse theologische en pastorale problemen*, dans *K.A.W.-berichten*, 1965, nᵒ 1, p. 4-21. (voir aussi Journal Prignon, p. 74 et note 179).

pas 10% des Pères, insisterait pour quelques ajouts qui pourraient donner satisfaction à la minorité. Si on peut s'en tirer avec quelques modifications anodines, ce ne sera pas grave. Mais, si une fois de plus un texte est imposé d'en haut, cela fera naître beaucoup de mécontentement. Nous ferons de notre mieux).

472 26.9.1964 [dimanche], 2 p. (Ce matin, j'ai pu travailler et j'ai déjà traité la moitié des *modi* sur le *De Revelatione*. Je suis seul pour faire ce travail, mais le P. Tromp m'aide avec quelques personnes pour le classement. Je crois qu'au milieu de la semaine on aura tout discuté dans notre petite commission de travail et que dans dix ou douze jours on sera prêt à la commission, de sorte que les derniers votes sur le *De Revelatione* peuvent être prévus pour la mi-octobre. Je ne sais quand je pourrai rentrer quelques jours. Je ne dois pas être présent pour le vote *in aula* sur le *De Revelatione*, mais je dois être présent à la commission pour la discussion sur le schéma XIII et je crains que cela ne soit pas terminé avant le 20-25 octobre).

473 27.9.1965 [lundi], 2 p. (On nous a donné une nouvelle place dans l'*aula*).

474 28.9.1965 [mardi], 2 p. (Je crois que nous serons prêts jeudi pour la discussion des *modi* dans notre petit groupe de travail et avant la fin de la semaine prochaine en commission. Dès le début de la semaine prochaine on recevra les amendements pour mon chapitre du schéma XIII et on recommencera le travail en sous-commission. Hier j'ai été avec Mgr Philips chez le P. Tromp pour lui demander que le cardinal Ottaviani propose au pape de ne pas intervenir dans le texte sur le *De Revelatione*, afin d'éviter toute cabale. Nous avons proposé d'insérer quelques formules dans le texte, qui peuvent rassurer la minorité et sont acceptables pour la majorité. Aujourd'hui, le P. Tromp est venu nous dire que le cardinal Ottaviani était très satisfait de notre proposition et qu'il a tout de suite écrit au pape. Je suis curieux de savoir si le pape acceptera notre proposition et je prie pour que nos formules soient acceptées par la commission. Le P. Tromp était si content qu'il nous a apporté quelques bons cigares hollandais[24]).

475 29.9.1965 [mercredi], 2 p. (Demain, j'aurai traité les *modi*, donc en 10 jours au lieu des 8 semaines de l'année passée. On pourra à la commission terminer le *De Revelatione* pour la fin de la semaine prochaine. Le cardinal Suenens m'a dit que pour le schéma XIII, il y a encore 60 Pères qui se sont inscrits).

---

24. Cette manœuvre échouera. Cf. Journal Prignon, p. 99, 100, 105, 106, 111, 112.

476 30.9.1965 [jeudi], 2 p. (J'ai terminé ce midi mon travail sur les *modi* et ce soir on les a discutés et approuvés dans le groupe de travail. Il y a eu dans les coulisses du concile du mécontentement parce que le pape a introduit, au dernier moment, des *modi* concernant le texte *De Episcopis*, et ce quand le vote était pratiquement terminé. On ne comprend pas comment une telle intervention est encore possible alors que l'année passée, il a dit clairement qu'il ne ferait plus une chose pareille et qu'il enverrait ses remarques à temps. Ces nouvelles sont encore secrètes, mais la moitié de Rome est déjà au courant et je me demande ce qui arrivera quand les journaux rendront ce fait public. D'autant plus qu'un de ces amendements est en contradiction avec la constitution sur l'Église, tandis que les autres ne sont que des vétilles, pour lesquelles le pape ne devrait pas engager son autorité. Ce sont toujours les mêmes cercles qui assaillent le pape et, comme il semble assez scrupuleux, il n'ose pas trancher la question au dernier moment et cherche à contenter tout le monde par des concessions qui au fond mécontentent tout le monde: la majorité, parce qu'elle trouve qu'elles sont superflues, et la minorité, qui croit qu'elles ne suffisent pas. La semaine passée, il y a eu des articles virulents contre le pape dans *Time* et *Newsweek*, qui protestent contre quelques modifications introduites dans le schéma *De Iudaeis*. Cela ne servira pas l'autorité du pape lors de sa visite à l'ONU).

477 2.10.1965 [samedi], 2 p. (Mgr De Smedt a été reçu jeudi soir par le pape, qui a abordé lui-même la question du diocèse du Limbourg et qui a laissé entendre que pour lui la question était mûre et qu'il veut la conclure. La semaine prochaine vers le 10 octobre, Harmel vient à Rome et je suis certain qu'on discutera à nouveau de ce sujet[25]. Ce qui ne signifie pas que Harmel sera tout de suite d'accord. On verra. Hier, on a eu une réunion très pénible de la commission. Tout était calme au début mais avant que Philips n'ait eu la possibilité d'introduire les amendements au texte que nous avions proposés au pape, Parente, du Saint-Office, a pris la parole en relançant une théorie qui remettait sur le tapis la discussion d'il y a deux ans sur les deux sources de la révélation. Le débat était passionné des deux côtés et il n'y avait pas moyen d'exposer calmement son point de vue. La minorité a provoqué dans ce climat un vote (ce qui était une bêtise) et a perdu la bataille avec 10 voix contre 15. Je prévois que le pape interviendra maintenant en personne et qu' alors le spectacle recommencera. Il est incompréhensible que des personnes pieuses et intelligentes puissent se disputer de cette façon au sujet d'un problème qui à 99% est un faux problème et qui est surtout dû à une méfiance réciproque. Mgr Colombo

---

25. Pour la position de Harmel, premier ministre, cf. Journal Prignon, p. 36 et 185.

concédait lui-même que l'intervention de Parente avait tout gâché. Cependant, de mon côté, je dois concéder aussi que le P. Rahner, avec quelques autres *periti*, a semé inutilement l'inquiétude[26]. Avec toutes ces disputes le travail de la commission risque de subir un sérieux retard).

478   3.10.1965 [dimanche], 2 p. (Nous n'avons plus rien appris au sujet des difficultés suscitées à la commission. Nous avons préparé pour demain quelques formules de rechange qui – au moins on l'espère – pourraient être acceptées par les deux partis. Sinon, nous sommes dans l'impasse).

479   3.10.1965 [mais du lundi 4.10.1965], 2 p. (Lors d'une réunion très lourde de la commission, nous avons réussi à faire passer un texte, qui rencontre quelque peu les souhaits de la minorité. La formule n'est pas idéale mais j'espère qu'elle aura comme résultat que le pape n'intervienne plus. Mais je crois que la minorité ne désarmera pas. En tout cas le P. Tromp était content et concédait que nous avons fait de notre mieux pour faire un geste vis-à-vis de la minorité).

480   5.10.1965 [mardi], 2 p. (La visite du pape à New York s'est bien passée. À un certain moment, on était inquiet au sujet de manifestations possibles de Juifs (parce qu'on avait biffé du texte le mot «déicide», tout en disant que les Juifs, en tant que peuple, ne sont pas coupables de la mort du Christ[27]). Hier à la commission nous avons réussi à faire accepter un texte dans le schéma sur la Révélation, qui rencontre quelque peu la minorité, malgré le fait que quelques membres de la majorité ne l'ont accepté que difficilement, parce qu'ils craignent la réaction de l'*aula*. Ces Pères ne savent évidemment pas ce qui nous menace de la part du pape, quoiqu'on ait essayé de leur faire plus ou moins comprendre l'enjeu. Le P. Tromp paraissait content du résultat obtenu; et j'espère qu'il pourra convaincre le cardinal Ottaviani de laisser maintenant le texte inchangé. Cependant d'autres membres du Saint-Office n'ont pas caché leur mécontentement: ils avaient attendu et désiré davantage. Vous voyez qu'il est difficile de contenter tout le monde. Mais en-haut on devra reconnaître que le petit groupe de travail a fait de son mieux pour changer l'attitude de la majorité et d'accepter ainsi un ajout dans le texte ... Dans l'*aula*, l'entrain a disparu. La plupart ne désire qu'une chose: que tout soit fini au plus tôt. Si cela a comme conséquence qu'ils

26. À ce sujet Rahner, rédigera encore une lettre, que Döpfner va signer et envoyer au pape le 14.10.1965. Cf. F. Döpfner 341, p. 2-4 et 4920 (le projet de cette lettre, ms. de Gruber – secrétaire de Döpfner – et dicté par Rahner).

27. Dans une première version le texte sur les Juifs disait nettement que le peuple juif ne pouvait être accusé de déicide.

introduisent peu de *modi*, cela nous permettrait de finir plus tôt que prévu. Le texte pontifical sur le mariage sera discuté par les conférences épiscopales[28]: cela pourrait faciliter notre travail).

481 6.10.1965 [mercredi], 1 p. (Le travail avance bien. Avant la fin du débat *in aula* ce matin, je me suis rendu à Santa Marta. Je crois qu'aujourd'hui on terminera le schéma XIII de sorte que demain le travail pourra être distribué dans les différentes sous-commissions. Tout à l'heure, il y a eu encore une réunion de la commission théologique. De nouveau ce sera tendu puisque j'apprends qu'aussi bien l'extrême gauche que l'extrême droite veulent revenir sur le texte qui a été accepté hier. Alors cela devient la procession d'Echternach. On avait insisté pour terminer le texte en trois sessions. Ainsi on aura bien besoin de 6 ou 7 réunions. Et tout cela à cause de la méfiance régnante).

482 7.10.1965 [jeudi], 2 p. (Hier à nouveau une lourde réunion de la commission théologique dans une atmosphère tendue. On a à nouveau rejeté le texte que nous avions introduit lundi, invoquant une clause du règlement qui stipule que pour un changement pareil (dont on prétend qu'il est «substantiel», ce qu'on peut discuter) on a besoin des 2/3 des voix et que donc il en manquait deux (14 sur 24). Je ne sais ce qui va arriver maintenant. Mais une chose est certaine: les gens de droite continueront à insister auprès du pape pour qu'il change, de sa propre autorité, le texte ... Nous avons fait l'impossible pour couvrir le Saint-Père. Tout à l'heure nous recevrons les fiches concernant le *De Matrimonio et Familia*[29]. Ainsi à partir de demain un groupe de travail technique pourra commencer la discussion des interventions [des Pères]. Toutes les sous-commissions ont reçu comme directive d'avoir leur texte prêt avant la fin de la semaine prochaine, ce qui demandera un travail acharné. À partir de lundi 18 octobre, le texte serait alors soumis à la commission mixte).

483 9.10.1965 [samedi], 2 p. (À 10h. nous avons réunion de la commission ... Nous sommes en train d'examiner les amendements proposés par les Pères concernant le chapitre *De Matrimonio et Familia*. Nous avons déjà examiné

---

28. Il s'agit d'un texte rédigé par la Commission pontificale sur la natalité (cf. F. Heylen 80). En fait le texte ne sera pas soumis pour discussion aux conférences épiscopales, notamment parce que Mgr Reuss avait protesté auprès du pape disant que ce texte ne reflétait pas fidèlement l'avis de la Commission (cf. J. GROOTAERS & J. JANS, *La régulation des naissances à Vatican II: une semaine de crise*, Leuven – Paris – Sterling, VA, 2002, p. 64-66).

29. Les interventions des Pères *in aula* étaient mises sur fiches, afin de faciliter le travail de la sous-commission qui devait amender le texte. Pour le *De Matrimonio et Familia* c'est surtout le chan. Heylen qui s'en est occupé. Cf. F. Heylen n° 49-50.

deux des cinq numéros. Mais comme je dois me rendre cet avant-midi au Vatican, je ne pourrai continuer le travail que cet après-midi).

484   10.10.1965 [dimanche], 2 p. (Comme le travail avance maintenant, il est probable que le texte sur le *De Matrimonio et Familia* sera prêt avant la fin de la semaine. Mais nous ne savons pas encore si la commission mixte commencera le 18.10 avec le début du schéma ou bien avec les parties qui seront déjà prêtes. De cela dépend la date de mon retour en Belgique. En tout cas j'ai réservé mon billet pour samedi prochain, quitte à le changer s'il le faut. Les prochains jours, qui seront très occupés, je n'irai pas *in aula* les avant-midi pour pouvoir travailler ici).

485   11.10.1965 [lundi], 2 p. (Notre texte est bien avancé. À partir de demain on pourra en 4 réunions le discuter en sous-commission et le remettre samedi à la sous-commission centrale).

486   13.10.1965 [mercredi], 2 p. (Pendant toute la semaine, je resterai à la maison pour travailler … On nous a fait une solide réputation. Même les Français[30] disent en faisant allusion à Philips et à moi-même: «Quand les locomotives du Limbourg se mettent en marche, elles roulent jour et nuit». Ceci parce qu'une fois de plus notre sous-commission était prête la première, malgré le fait que nous avions le plus grand paquet d'amendements à traiter. Mais nous avons l'habitude de travailler systématiquement; nous sommes bien rodés entre nous et j'obtiens des *periti* qu'ils se tiennent au texte, qui d'ailleurs est bon et a été rédigé avec leur collaboration. Il n'y a qu'un danger: qu'on me demande de travailler encore dans une autre sous-commission. Mais j'ai dit nettement à Mgr Philips que je veux bien l'aider personnellement, mais que je n'accepte plus de faire le travail des autres. Ils n'ont qu'à devenir intelligents et apprendre une méthode de travail).

487   13.10.1965 [mercredi], 2 p. (Hier nous avons reçu une lettre qui nous demandait d'accepter quelques membres de la commission pontificale au sein de notre sous-commission *De Matrimonio et Familia*. Quatre des cinq sont archi-conservateurs[31] et il est clair que leur adjonction a été demandée d'en haut, c'est-à-dire par le pape lui-même. Il est évident qu'on a l'intention de rendre le texte plus sévère, ce qui causera pas mal de disputes dans

---

30. Ailleurs (*Concilieherinneringen*, n° 384, p. 25) Heuschen dit que c'est Mgr Garrone qui a décerné cet éloge.

31. Il s'agit de de Riedmatten, Visser, Zalba, Fuchs et Ford. Cf. Journal Prignon, p. 154-155. Parmi ces membres, il n'y a en fait que trois conservateurs: Visser, Zalba et Ford.

la commission qui ralentiront le travail. Les mêmes discussions recommenceront à la commission mixte et, à nouveau, ralentiront le travail. Ainsi il m'est difficile de fixer déjà une date pour ma rentrée. Vous voyez qu'on se joue un peu des Pères conciliaires ... D'autre part, c'est un fait que le pape interviendra sur le texte du *De Revelatione*. On n'a pas voulu suivre notre conseil et on n'a pas voulu faire quelques concessions. Maintenant elles seront probablement imposées d'en haut et provoqueront tant de querelle que je crains qu'une grande partie des Pères, en signe de protestation contre cette manière de faire d'en haut, ne votent contre le texte. Il y a d'ailleurs déjà pas mal d'agitation contre le texte *De Educatione catholica* et le texte *De Presbyteris*. Tout cela ne contribue pas à une fin belle et paisible du concile ni à garder l'autorité du Saint-Père intacte. Beaucoup d'évêques ne cachent plus qu'ils ont perdu leur confiance dans le pape et qu'il est pri sonnier de la curie. Il ne faut pas se demander quelle impression cela fait sur les gens des autres continents, qui par ailleurs, la plupart du temps, ne comprennent pas les raisons de cette querelle et sont dès lors enclins à crier plus fort. Qu'est-ce que ce sera quand, une fois rentrés dans leur pays et loin de Rome, ils auront entre eux à résoudre des problèmes difficiles. Alors ils seront tentés de ne pas tenir beaucoup compte de Rome. Enfin, ne voyons pas tout trop en noir et demandons que le Saint-Esprit donne lumière et calme).

488 15.10.1965 [vendredi], 2 p. (Notre texte sera prêt. Mais Mgr Philips craint que si la commission [mixte] commence tout de suite la discussion de notre texte [*De Matrimonio et Familia*], on ne perde beaucoup de temps parce que tout le monde veut intervenir à ce sujet. Ainsi il est d'avis qu'il vaudrait mieux attendre pour la discussion de notre texte jusqu'à lundi en huit, à condition toutefois que d'autres textes soient déjà prêts).

489 4.11.1965 [jeudi][32], 1 p. (Vers 4h. j'ai été voir Mgr Philips[33] qui avait l'air fort fatigué et qui était content que je sois venu l'aider et recevoir ses instructions pour le travail futur. Très probablement, il partira en Belgique dimanche prochain et limitera cette année ses cours à Louvain à quelques heures ... Il était heureux d'avoir reçu une lettre de remerciement du pape (Ottaviani n'a pas donné signe de vie). Personnellement je trouvais dommage

32. Malgré l'insistance de Moeller et Prignon – cf. Journal Prignon, p. 170 – Mgr Heuschen est rentré en Belgique le 16 ou le 17 octobre et est revenu à Rome le 4 novembre 1965.
33. Philips avait dû cesser le 25 octobre tout travail conciliaire à cause d'une crise cardiaque.

que cette lettre ait été écrite par un secrétaire et seulement signée par le pape. Il aurait pu faire quelque chose de plus).

490   6.11.1965 [samedi], 2 p. (Visite de Roppe, gouverneur du Limbourg pour qui j'ai pu obtenir une audience chez le pape demain. Ce matin Philips avait l'air d'être un peu mieux. Charue est encore venu hier soir avec quelques textes à amender. Il était content que je sois de retour. Colombo a téléphoné pour demander si j'étais déjà de retour et bien reposé et pour me transmettre ses salutations. Il semble content de l'aide reçue).

491   7.11.1965 [dimanche], 2 p. (Je reviens de la gare où l'on a accompagné Philips et sa sœur[34]. Il semblait fortement émotionné. Sa main droite tremblait et il donnait l'impression d'être convaincu de ne plus jamais pouvoir retourner à Rome[35] … Aujourd'hui, j'ai corrigé les épreuves du texte *De Matrimonio et Familia*. J'ai pu constater que Philips, qui est toujours très méticuleux, a laissé un certain nombre de fautes dans le texte et qu'il était même trop fatigué pour discuter des corrections. J'ai alors moi-même apporté les corrections nécessaires. Il était donc bien utile d'être de retour à temps parce que Heylen, qui ne connaît pas bien le latin, ne pouvait pas mener ce travail à terme).

492   s. d. [mais du lundi 8.11.1965], 2 p. (Quand j'ai reçu ce matin les épreuves corrigées du texte sur le *De Matrimonio*, j'ai appris que j'étais le premier et que le texte de la 1e partie du schéma XIII ne serait pas prêt avant le 10 novembre. Il faudra un coup de force pour avoir le tout imprimé avant le début de la semaine prochaine).

493   9.11.1965 [mardi], 2 p. (Le concile va vers sa fin: les congrégations générales ne commencent qu'à 9h.30 (au lieu de 9h.) et se limitent à des votes, entrecoupées de *relationes*. Il est difficile d'éviter les répétitions et de captiver encore l'attention. Si les Pères sont raisonnables lors de l'introduction des *modi*, on pourra encore finir à temps).

494   10.11.1965 [mercredi], 2 p. (Les congrégations générales sont assez ennuyeuses: 11 votes avec lecture du texte. Puis quelques interventions au nom de conférences épiscopales au sujet des indulgences).

---

34. Rosa Philips était venue à Rome afin d'accompagner son frère pour le voyage de retour. Les médecins avaient déconseillé le voyage en avion.
35. De fait, rentré en Belgique Philips a dû être hospitalisé le 10 novembre parce qu'il avait frôlé l'infarctus (cf. Journal Philips, Cahier XII, p. 59-60).

495 11.11.1965 [jeudi], 2 p. (Ce soir j'ai dû aller au collège [séminaire] français pour expliquer comment il faut organiser et distribuer le travail des
modi. On m'a demandé d'expliquer la même chose demain soir aux présidents des différentes sous-commissions et d'organiser la distribution du
travail. Ainsi le travail a recommencé et prendra une bonne quinzaine de
jours. La sœur de Philips a dit au téléphone que Mgr Philips avait été hospitalisé et que le spécialiste craignait un infarctus).

496 12.11.1965 [vendredi], 2 p. (Ce matin, je n'ai pas été à l'*aula* parce que je
devais préparer mon texte[36] au sujet des directives pratiques pour le travail
des sous-commissions. Exposé que j'ai fait cet après-midi à la place de
Philips. La semaine qui vient sera très chargée et je devrai donner beaucoup
de coups de téléphone pour activer les différents secrétaires. Heureusement
que les Français m'ont laissé faire. Ils semblent être conscients qu'en ce qui
concerne l'organisation et la méthode de travail, les Belges savent comment
s'y prendre. Je me demande comment cela se passera la semaine prochaine:
Philips était le secrétaire officiel de la commission. Moi-même je n'ai rien
à dire, du moins officiellement, et je ne peux que faire appel à la bonne
volonté des collaborateurs).

497 13.11.1965 [samedi], 2 p. (Hier j'ai téléphoné à Louvain et la sœur de
Philips m'a dit que, selon le professeur, Philips avait eu mercredi passé un
début d'infarctus … Il sera encore handicapé pour tout un temps et il est
peu probable qu'il puisse venir ici terminer le travail qu'il avait si bien commencé. Tout le monde avait espéré qu'il serait nommé à la tête du Saint-
Office quand Ottaviani se sera retiré. Mais, handicapé comme il est, ce
travail sera trop lourd pour lui. Onclin restera probablement à Rome: on fait
appel à lui pour la révision du Code. Et on parle aussi de de Furstenberg
comme successeur possible de Cicognani, pour la Secrétairerie d'État. Je
doute que ce soit une nomination idéale. On apprécie les Belges pour tout
le travail accompli en faveur du concile).

498 15.11.1965 [lundi], 2 p. (Hier, j'ai eu pendant tout l'avant-midi une
réunion avec les secrétaires des différentes sous-commissions pour débattre
de l'organisation du travail … S'ils se tiennent aux directives, tout sera en
ordre. De Charue, j'ai appris que les Français sont très contents de cette
organisation et qu'ils ont trouvé la réunion au collège belge très réussie.
C'est important parce qu'ils sont assez sourcilleux et il faut prendre garde
de ne pas les froisser. Haubtmann m'a encore téléphoné le soir pour me

---

36. Pour ce texte, cf. n° 329.

remercier et me demander de garder ce travail autant que possible en main. Je ne demande pas mieux. Cependant les Français ont fait, lors de la rédaction du texte, une gaffe en retravaillant complètement le passage au sujet de la guerre et de la paix, en ne tenant pas compte du texte existant. Ainsi ils proposent maintenant un texte complètement nouveau. Je ne comprends pas comment Mgr Charue a laissé passer ce changement (avec Philips cela ne serait jamais arrivé)[37]. Si l'opposition nous veut causer des difficultés, elle n'a qu'à déposer plainte auprès de tribunal du concile et exiger que ce texte soit à nouveau discuté *in aula*, parce qu'il est entièrement neuf. Du point de vue juridique ils auraient raison, mais dans ce cas je ne vois plus la possibilité de terminer dans les délais prévus le texte du schéma. Vous voyez ce qui arrive quand la commission n'a plus de chef. Bien sûr, le pape tient à ce que le texte soit voté, mais il lui serait difficile d'aller à l'encontre d'objections venant des milieux de la curie. Espérons que tout se passe pour le mieux. Mais jusqu'à la fin nous connaîtrons des tensions. Nous avons déjà commencé à classer les *modi* et à y répondre. Jusqu'ici cela va mais dans les prochains jours on attend un plus gros paquet, surtout au sujet des textes sur le mariage et sur la guerre et la paix. Pour ce dernier texte, je crains même qu'on n'obtienne pas les 2/3 des voix. J'ai dû parler devant la Télévision francophone belge. Je leur ai permis de pendre une photo de la salle du collège belge où on travaille aux *modi*).

499   16.11.1965 [mardi], 2 p. (Aujourd'hui, nous avons à classer un deuxième paquet de *modi*, mais à 6h. nous avions déjà terminé un premier classement. Maintenant, il faut faire le classement définitif, puis les examiner, rédiger et discuter les réponses. C'est du travail pour au moins trois jours. Puis, il faut soumettre le tout à la sous-commission, rediscuter et polycopier les réponses pour lundi soir. Ensuite, il faut à nouveau soumettre le tout à la commission mixte pour approbation définitive. Ce seront des journées fort chargées; heureusement, jusque maintenant les *periti* nous aident beaucoup. Les votes ont donné également un bon résultat. Nous avons obtenu chaque fois une majorité des 2/3; ce qui renforce notre position lors de la discussion du texte ... Je crains seulement que, pour le chapitre sur la guerre et la paix, nous ayons tant de *modi* que le texte n'obtienne plus la majorité des 2/3 et que ce chapitre doive être retravaillé. Cela serait presque une tâche surhumaine pour la commission. Il est d'ailleurs regrettable que la commission centrale ait permis d'introduire tant de nouveaux textes dans cette partie du schéma. Cela s'appelle chercher des difficultés sans nécessité. On

---

37. Cf. Journal Charue, p. 285, où Charue écrit cependant: «... nous ne pouvons pas remplacer le texte approuvé par la commission mixte plénière».

a laissé libre jeu au P. Dubarle, un homme qui ne connaît rien aux règlements du concile. Mais je ne comprends pas que Mgr Charue ait laissé passer ce texte … Pour le texte sur la liberté religieuse le pape a introduit au dernier moment quelques *modi*[38]. Je crains qu'il fasse de même pour «la guerre et la paix» et peut-être même pour notre texte sur le mariage).

500 17.11.1965 [mercredi], 1 p. (Aujourd'hui, nous avons eu les derniers votes au sujet des chapitres III, IV et V de la 2e partie du schéma XIII. Heureusement, on a obtenu partout la majorité des 2/3. Ce midi, on a encore reçu des tonnes de *modi* et demain on peut en attendre autant. En tout cas les *periti* collaborent bien et le travail avance. Tous les *modi* que nous avons reçus sont distribués et classés et demain on peut continuer la discussion et la rédaction des réponses aux *modi* au sujet du mariage. Il faudra encore travailler dur pendant quelques jours, mais on le fait en équipe et je peux dire que les collaborateurs écoutent bien).

501 18.11.1965 [jeudi], 1 p. (Aujourd'hui je ne me suis pas rendu dans l'*aula*, parce que nous sommes submergés de *modi*. Grâce à Dieu, une grande partie du travail est fait. Toutefois, les 3-4 jours qui viennent seront encore très chargés. Par après, il y a aura moins de travail et à partir de vendredi de la semaine prochaine on pourra respirer un peu[39] … Aujourd'hui, on a sablé le champagne pour la promulgation de la constitution sur la Révélation. Dans son toast le cardinal [Suenens] a remercié spécialement Mgr Philips, Mgr Charue et moi-même).

502 23.11.1965 [mardi], 1 p. (Je viens de terminer mon texte sur le mariage … Le plus dur est passé mais cela a été très astreignant. Jamais on n'a dû, en si peu de temps, être prêt pour tant de choses. Mais nous y sommes arrivés…).

503 24.11.1965 [mercredi], 1 p. (La réunion d'hier n'était pas mauvaise, mais on n'avance pas assez rapidement. Aujourd'hui, je devrai une fois de plus insister pour qu'on presse le pas et qu'on ne s'arrête pas à des futilités. Il est absolument nécessaire que le texte sur le mariage soit prêt pour demain soir. Au rythme où l'on travaille actuellement, ce n'est pas possible. Et nous avons appris que la commission théologique devra encore se réunir la semaine prochaine pour examiner le Directoire œcuménique, préparé par le Secrétariat pour l'Unité. On ne nous laisse vraiment pas tranquilles et ce pendant qu'un certain nombre d'évêques font du tourisme en Italie).

---

38. Pour ces *modi*, cf. F. De Smedt 1664-1666.

39. Prévision trop optimiste de Heuschen, car à partir du 24 novembre les *modi* pontificaux sur le mariage donneront un terrible surcroît de travail.

504   26.11.1965 [vendredi], 1 p. (Hier et avant-hier, nous avons eu des journées fort difficiles. À la dernière minute, quelques membres de la commission pontificale ont à nouveau essayé d'introduire dans notre texte quelques-uns de leurs amendements sous l'autorité du pape, amendements que nous ne pouvons absolument pas accepter. Pendant toute la journée, on a assiégé le pape de différents côtés. Le résultat en est qu'aujourd'hui, dans quelques instants, on peut discuter les *modi* du pape et éventuellement proposer quelques «contre-*modi*». Je les ai prêts et tous ici en étaient fort contents. Si on réussit à les faire passer tout à l'heure, nous aurons sauvé notre texte, son sens et sa portée. J'ai bon espoir qu'on y parviendra tout à l'heure, car le P. de Riedmatten, le secrétaire de la commission pontificale, était aussi d'accord avec mes propositions et même Mgr Colombo semble les accepter … Il est toutefois pénible de constater que chaque fois on essaie de manœuvrer derrière notre dos et de faire dire par le concile des choses que les Pères actuellement ne veulent ni ne peuvent dire en conscience. Si on réussit à faire passer le texte, on devra une fameuse chandelle aux «gens du collège belge»).

505   27.11.1965 [samedi], 1 p. (Jeudi, on espérait encore que notre texte passerait sans beaucoup de difficultés. Mais sont alors venus les *modi* pontificaux et leur explication par le Saint-Office[40]. Ce qui est tragique, c'est qu'on ne sait jamais ce qui vient du pape lui-même et ce qu'on doit attribuer à des intermédiaires. Tous les cardinaux de notre bord étaient absents, sauf le cardinal Léger, qui n'a pas voulu ouvrir la bouche. Ainsi la sous-commission a dû se battre toute seule pendant presque cinq heures pour défendre son texte contre les attaques du Saint-Office. Tantôt nous avons rejeté les *modi* pontificaux, tantôt nous les avons changés, tantôt nous les avons déplacés. Ainsi le contenu du texte, dans sa forme actuelle, n'a pas été modifié. Hier soir tard dans la soirée on a dû porter notre texte au Saint-Office et aujourd'hui nous saurons si le pape est oui ou non d'accord. Nous sommes unanimement d'avis que, si on nous demande de dire ce que le Saint-Office veut bien nous faire dire, nous protesterons publiquement, parce qu'ainsi on empêcherait la commission de faire en toute liberté rapport aux Pères et de porter un jugement sur les *modi* qui ont été introduits. Si le pape veut dire autre chose, qu'il le fasse, mais alors il ne doit pas vouloir se cacher ni derrière la commission, ni derrière le concile à qui il a dénié le droit de débattre de la question. Vous voyez qu'il faut se battre jusqu'au dernier moment et toujours à armes inégales).

40.   De fait par le cardinal Ottaviani.

506 28.11.1965 [dimanche], 1 p. (Je suis prêt pour la plus grande partie de notre texte. Je dois seulement encore écrire la *relatio*, qui doit être terminée demain soir. On a été terriblement occupé ces derniers jours, surtout parce qu'on a dû faire trois rapports pour le pape et que cela entraîne toujours du travail et des démarches … À ce moment, nous ne savons toujours pas si le pape accepte nos propositions et laissera passer le texte tel quel. Je devrais donner notre texte avant 5h. et j'ai dit cela ce matin à la Secrétairerie d'Etat, quand j'ai porté mon dernier rapport pour le pape. Ce rapport demandait une réponse, mais jusqu'ici je ne l'ai pas reçu et comme je ne pouvais pas attendre pour l'impression, j'ai donné le texte tel quel: ils connaissent quand même son contenu. En principe tout aurait dû passer par le cardinal Ottaviani, mais on n'a pas pu l'atteindre hier et je suis arrivé à la Secrétairerie d'État[41], où l'on m'a chargé d'introduire les modifications proposées, ainsi que la manière pour le faire, dans le texte. Je l'ai fait. Si maintenant ils se disputent entre eux, ce sera de leur faute. Et si c'est moi qui suis incriminé, je ne serai pas seul. Le texte doit être imprimé avant jeudi. J'espère au moins qu'à ce moment nos soucis auront cessé).

507 29.11.1960 [sic: = 1965] [lundi], 2 p. (Vous aurez lu dans les journaux qu'une fois encore nous avons passé une semaine mouvementée. À nouveau la réaction des *periti* était trop violente et ils ont fait une cabale, comme si des choses irréparables s'étaient produites. Le plus fort c'est qu'ils ne cessent de crier, mais au moment où ils devaient faire quelque chose ou bien prendre ouvertement position vis-à-vis de l'autorité, ils se taisent complètement. Parfois même, ils ont la tendance à vilipender comme traîtres ceux qui se battent pour le texte et qui font tout leur possible pour le sauver. Je crois que c'est cette dernière chose qui a tellement blessé Mgr Philips. Mais dans des moments d'excitation il n'y a que peu de gens qui savent garder leur sang-froid).

508 30.11.1965 [mardi], 2 p. (Je suis occupé à corriger les épreuves. C'est tout un travail parce que le texte est fort long, mais j'aime bien le faire parce qu'on sait qu'après cette besogne, notre activité conciliaire prendra fin … Le chan. Heylen, qui avait pourtant moins de charge que moi-même, a été moins résistant. Ce matin je lui ai laissé prendre l'air, car il était exténué. Vers 11h.30, il est rentré et m'a aidé à la correction des épreuves. Je crois que nous aurons terminé vers 6h. et ensuite nous porterons le texte à l'imprimerie).

41. Heuschen s'est adressé à Mgr Dell'Acqua.

509　1.12.1965 [mercredi], 2 p. (Ce matin, nous avons eu une réunion et puis j'ai corrigé les deuxièmes épreuves. Pendant ce temps, j'ai reçu au moins quatre coups de téléphone de l'évêque auxiliaire de Mayence, en Allemagne[42], qui ne cessait de demander pour qu'on insiste ou qu'on fasse insister auprès du pape sur la nécessité d'omettre dans le texte les références à *Casti Connubii*. J'ai essayé de mille manières de lui faire comprendre qu'une insistance ultérieure – après avoir fait moi-même une telle démarche et avoir rendu possible la démarche de deux autres personnes[43] – ne pouvait qu'irriter le pape et pourrait obtenir le résultat contraire. J'ai essayé de le convaincre que, une fois le schéma imprimé, il serait bon que quelques cardinaux écrivent au pape et obtiennent de lui qu'il empêche les gens du Saint-Office d'expliquer notre texte dans un sens minimaliste et de défendre toute autre explication. Alors on serait absolument tranquille. Mais l'homme ne se laissait pas convaincre et continuait à téléphoner. Finalement, je me suis décidé à sortir pour quelques heures et j'ai dit aux domestiques que, si quelqu'un téléphonait, on devait répondre que j'étais sorti. Nous avons roulé jusqu'à la mer en une bonne demi-heure et nous nous sommes promenés pendant quelques heures…).

510　3.12.1965 [vendredi], 2 p. (J'ai conduit aujourd'hui le chan. Delhaye à l'aéroport: hier son père a eu un infarctus et on lui a demandé de rentrer d'urgence … À peine rentré, on m'a fait savoir que Mgr Garrone me cherchait depuis une heure et voulait me parler d'urgence. Il est le *relator* du schéma XIII et le responsable principal de l'ensemble du texte. En arrivant chez lui j'apprenais qu'il y avait encore un nouveau *modus* transmis par la Secrétaireried'État en rapport avec les fins du mariage. J'ai dit à Mgr Garrone que j'avais moi-même, il y a quelques jours, prévu une formule moins forte mais étant donné qu'aussi bien la sous-commission que la commission avaient approuvé ma première formule plus forte, je ne pouvais pas accepter qu'on introduise encore des changements. D'autant plus que les raisons invoquées étaient déjà réfutées par les réponses aux *modi* proposés. Mgr Garrone a alors rédigé sa réponse en ce sens. Nous n'avons qu'à attendre[44]. Mais vous voyez que nous ne sommes pas encore arrivés au port. Sur ces entrefaites, la presse hollandaise commence à débiter quelques bêtises, ce qui augmente encore notre difficulté à obtenir quelque chose ici).

42. Joseph Reuss.

43. Il s'agit probablement du patriarche Maximos IV et de Mgr Poma, cf. Journal Prignon, p. 241-242 et J. GROOTAERS & J. JANS, *La régulation des naissances à Vatican II*, p. 269-271.

44. Pour ce *modus*, cf. Journal Prignon, p. 255-256. La réponse a été rédigée par Garrone, Heuschen et Prignon.

2. LETTRES DE MGR HEUSCHEN À P. ET M. VERJANS

Ia SESSIO

511 12.10.1962 [vendredi], ms., 2 p. (Au début du concile, il y a beaucoup de désordre à cause d'un manque d'organisation. Tous les documents promis viennent avec du retard. La deuxième partie, avec 6 schémas ne sera pas prête avant la fin de décembre[45]. Demain nous devons voter pour la première fois[46]. Même les cardinaux-présidents ne savent pas quel règlement ils doivent suivre; [par exemple, on ignore] si on peut élire des cardinaux pour les 10 commissions, si on peut réélire les membres des commissions préparatoires; si on doit voter pour toutes les commissions etc. ... Cependant la composition de ces commissions est importante, parce que de la tendance de la majorité dépend la teneur des schémas. On a demandé à Mgr De Smedt et à moi-même de préparer des listes-modèles avec des noms de bons candidats et de les défendre auprès des évêques allemands, néerlandais, anglais, français et autrichiens, et aussi auprès de nos évêques missionnaires, afin que dans la mesure du possible les voix se concentrent sur des candidats capables. Mais dans les circonstances actuelles il est très difficile d'avoir ces listes prêtes à temps ... Je dois m'arrêter ici parce qu'on me sonne pour une visite au cardinal Frings[47]).

512 17.10.1962 [mercredi], ms., 2 p. (Les travaux du concile n'avancent pas vite. Chaque fois l'aile conservatrice de la curie romaine a été mise en minorité. On a décidé de commencer non pas avec les schémas dogmatiques, qui sont vieillis, mais avec le texte sur la liturgie et dans l'entre-temps de faire un nouveau schéma sur l'Église. À la demande d'un certain nombre d'évêques occidentaux on a demandé à quelques personnes d'y collaborer: Mgr Charue et moi-même, Mgr Philips et le Prof. Thils en font partie. Cela m'occupera bien une quinzaine de jours. On m'a également demandé d'assurer les contacts avec les journalistes de la radio et de la T.V. J'espère pouvoir retourner à la fin du mois, mais, par ailleurs, je dois constater que nos évêques ne sont pas très au courant de certains problèmes nouveaux de

45. Une première partie des schémas préparés (notamment sur la liturgie, le *De Fontibus*), avait été envoyée aux évêques avant le début du concile.

46. En vue de l'élection des commissions conciliaires, mais le vote sera postposé à cause de l'intervention des cardinaux Liénart et Frings.

47. Le soir du vendredi 12.10.1962 Heuschen et Philips se sont rendus chez le cardinal Frings pour lui dire que les commissions conciliaires ne pouvaient pas être identiques aux commissions préparatoires. Ils ont plaidé pour surseoir aux élections du 13.10.1962.

théologie et d'exégèse et me demandent constamment des informations. Je crains qu'ils ne me laissent pas partir … Tout dépendra du rythme auquel le concile va travailler et des points qui seront mis à l'agenda. Si on prend le *De Ecclesia*, je pense pouvoir partir après que le nouveau texte sera prêt. Mais si on prend le schéma dogmatique *De Fontibus Revelationis*, alors je crains qu'on ne me demande de rester. Heureusement auprès de la Présidence l'idée de commencer avec le *De Ecclesia* gagne du terrain. Samedi, le prochain jour de congrégation générale, on s'attend à un résultat favorable pour la composition des commissions. On s'attend également à ce que le concile adresse un message au monde, ce qui est une excellente idée).

513   24.10.1962 [mercredi], ms., 2 p. (Merci de votre lettre … On est heureux d'entendre autre chose que ces éternelles discussions des réunions du matin, où les deux points de vue opposés sont défendus avec de plus en plus d'acharnement et où l'aile conservatrice ne fait aucun effort pour répondre aux arguments de l'autre parti et engager un dialogue, un vrai échange de vues…
Les premiers votes n'auront pas lieu avant le début de la semaine prochaine … Par ailleurs, nous sommes prêts avec un nouveau plan pour le schéma *De Ecclesia*. Si on l'approuve demain, je suis, au moins provisoirement, prêt avec mon travail).

514   21.11.1962 [mercredi], ms., 3 p. (Je vous écris de l'*aula* conciliaire où l'on vient d'annoncer la grande nouvelle: la discussion sur le schéma *De Fontibus* est arrêtée et le texte est envoyé à une nouvelle commission pour mise au point. Une commission mixte comme l'avaient demandé les Pères. C'est le pape lui-même qui est intervenu et il était temps: tout le monde devenait grincheux. Hier 62% des Pères ont voté contre la continuation du débat, mais parce qu'on n'avait pas obtenu les 2/3 nécessaires, les Italiens exigeaient que la discussion soit continuée. *L'Osservatore Romano* n'a pas osé publier le résultat du vote. Cela a fait mauvaise impression et quelques cardinaux ont fait hier soir une démarche auprès du pape pour demander son intervention. Grâce à Dieu, elle a été faite. Hier soir j'ai dû travailler jusqu'à minuit pour préparer un texte pour une éventuelle intervention aujourd'hui, après que le Secrétariat avait téléphone pour inscrire moi-même et Mgr Descamps[48]. Cela a été un effort inutile, mais je suis quand même content que l'affaire ait tourné de cette façon.

---

48. Il s'agit probablement du Secrétariat pour l'Unité qui aurait sollicité l'intervention de deux évêques exégètes ouverts.

Vendredi commence la discussion sur le schéma des moyens de communication. On m'a également demandé de faire une intervention à ce sujet … je devrai donc probablement rester à Rome jusqu'au 9 décembre).

515 23.11.1962 [vendredi], 2 p. (Ce matin j'allais demander au secrétariat [du concile] quand je devais m'inscrire pour mon intervention (à la demande de l'épiscopat belge) sur la 4ᵉ partie du schéma sur les moyens de communication. On me demanda si j'avais déjà un texte. Et c'était le cas: je l'avais en effet donné à lire par Mgr van Zuylen dans le bus. Alors on m'a demandé de parler aujourd'hui, parce qu'on manquait d'intervenants … Mes confrères [les évêques auxiliaires de mon compartiment dans l'*aula*] m'ont félicité très cordialement et les évêques belges étaient également contents … Mgr Calewaert vient de me dire que la commission pour la liturgie n'a pas encore terminé le travail des amendements et que cela prendra du temps jusqu'à dimanche soir).

516 26.11.1962 [lundi], 1 p. (On a commencé le schéma sur l'Unité, après avoir terminé celui sur les moyens de communication. On espère pouvoir commencer celui sur l'Église avant la fin de cette session. J'ai bon espoir de pouvoir rentrer bientôt parce que Mgr De Smedt m'a demandé de le remplacer à la séance d'hommage pour Cardijn à Bruxelles dimanche prochain. Mgr De Smedt, qui vient d'être désigné membre de la commission mixte, ne peut s'y rendre. On avait d'abord pensé de le faire remplacer par Mgr Himmer, mais celui-ci a fait remarquer qu'il ne parlait pas flamand).

517 28.11.1962 [mercredi], 1 p. (J'arriverai à Bruxelles vendredi soir).

IIa SESSIO

518 26.9.1963 [jeudi], ms., 2 p. (une lettre de Como, sur la route vers Rome).

519 28.9.1963 [en fait du 28 et 29.9.1963] [samedi et dimanche], 2 p. (J'ai assisté à la cérémonie de l'ouverture de la 2ᵉ session … Le discours de Paul VI est une pièce remarquable pour les initiés).

520 4.10.1963 [vendredi], 2 p. (Hier je m'étais inscrit pour une intervention, à cause du discours de Ruffini et de quelques évêques italiens, qui prétendaient que chez les Pères de l'Église on ne pouvait trouver aucun texte affirmant que les apôtres (et pas uniquement Pierre) sont le fondement de l'Église. Pendant deux jours j'ai fait des recherches et j'ai déjà trouvé dix textes qui appuient mon point de vue. Cela ne fera guère plaisir aux théologiens romains, mais la vérité avant tout. Mais aujourd'hui il y avait tellement d'orateurs que ni moi ni Mgr De Smedt n'avons pu prendre la parole.

Cela sera probablement pour lundi … Les Italiens avaient directement attaqué quelques formules que Philips avait introduit dans le texte. Philips était
fort content que je prenne sa défense. Aujourd'hui le card. Ruffini a fait une
attaque violente contre quelques textes au nom de l'exégèse, mais en oubliant
que, sur ce plan, ses idées sont surannées. Mais en Italie il passe pour une compétence et en outre, il est cardinal: il peut donc se permettre plus qu'un
homme ordinaire. Je suis certain que les gens de la curie ne seront pas contents
de mon intervention, mais la vérité a ses droits, quoi qu'on en pense à Rome).

521 8.10.1963 [mardi], 2 p. (Ma combativité provient de l'attitude de quelques
     évêques italiens, qui font nous mousser avec des arguments qui n'en sont
     pas, mais qui font impression sur des non-initiés, parce qu'ils sont proférés
     avec tant de conviction et une voix de stentor … Moi-même j'ai parlé à très
     haute voix … les Pères écoutaient bien et l'*aula* était silencieuse … J'étais
     content des réactions dont j'ai eu écho. Ce que les gens de la curie pensent
     est une autre question. Mais si on continue à faire attention à cet avis, on
     perd son temps. Dans cette question d'ailleurs les évêques belges sont una-
     nimes…).

522 11.10.1963 [vendredi], 1 p. (L'évêque auxiliaire de Bologne[49], bras droit du
     cardinal Lercaro, a publiquement fait l'éloge des interventions de Charue
     et de moi-même – en nous nommant –, et puis il a prolongé notre raison-
     nement avec des écrits plus tardifs de théologiens … À la fin il a été
     applaudi. Tout le monde a senti qu'une partie des Italiens se range derrière
     nous et que nous avons presque gagné la bataille. Tout le monde sait
     d'ailleurs que le card. Lercaro est l'homme de confiance du Saint-Père et que
     nous avons donc indirectement reçu un compliment d'en haut[50]. Le jour-
     nal *De Tijd* a écrit que nos deux interventions étaient de grande valeur …
     Le cardinal [Suenens] me disait qu'on pouvait être rassuré pour la suite du
     débat. Hier soir, il est rentré enthousiaste de son entretien avec le pape[51]:
     on a obtenu un accord sur la procédure ce qui rendra le débat plus facile
     et plus expéditif[52]. Les affaires avancent beaucoup plus vite qu'à la session
     précédente).

49. L. Bettazzi.
50. Heuschen se montre ici trop optimiste et sur la bataille concernant la collégialité et
sur la position du cardinal Lercaro.
51. Audience des modérateurs chez le pape, 10.10.1963, cf. FConc. Suenens 1385-1388.
52. Il s'agit probablement d'une première ébauche des 5 *Propositiones* (votées finalement
le 30.10.1963).

523 s. d. [probablement entre le 11 et 15.10.1963], carte postale, ms., 1 p. (J'ai eu beaucoup de travail et j'ai attrapé un rhume; j'espère qu'aujourd'hui on pourra faire passer les textes importants sur la collégialité et la sacramentalité de l'épiscopat[53]).

524 15.10.1963 [mardi], 2 p. (J'ai été un peu malade mais cela va déjà mieux. J'ai pu convaincre Mgr van Zuylen de faire une intervention au sujet du 3e chapitre[54] du *De Ecclesia*. C'est à moi qu'on avait demandé de prendre la parole, mais je n'osais pas puisque Mgr van Zuylen n'était pas encore intervenu dans le débat. Je lui ai promis de l'aider à rédiger son texte qui devra être prêt pour jeudi[55]).

IIa INTERSESSIO

525 s. d. [mais de 1964], carte de vue, ms. (une vue de la Via Appia antica. Heuschen écrit: «un souvenir du soleil italien»).

526 20.1.1964 [lundi], 1 p. (On m'a taquiné avec la succession de Mgr Calewaert. Mais on peut être tranquille, je ne devrai pas déménager à Gand … Ce matin nous avons eu une première réunion de travail avec deux évêques allemands et quelques *periti* pour s'accorder sur la tactique que nous devons suivre vis-à-vis des Italiens. J'étais le seul à avoir un texte écrit et à avoir bien étudié l'ensemble de la question. Tout à l'heure, ils m'ont demandé de faire une intervention pour revenir sur un texte déjà approuvé, mais où se trouvent certaines expressions moins exactes[56]).

527 21.1.1964 [mardi], 1 p. (La réunion d'hier s'est bien terminée. Elle commença mal, parce que le président annonça qu'on ne pouvait plus revenir sur le texte du n° 16, qui avait été discuté en décembre et approuvé par la commission. Je suis intervenu en déclarant que j'étais d'accord avec ce point de vue, à condition toutefois qu'on ajoute mes objections au texte, objections que je n'avais pas pu introduire à cause de la maladie de ma mère. Le président marqua son accord et j'ai introduit mon texte. Heureusement que je l'avais préparé d'avance; autrement j'aurais été en mauvaise posture. Au cours de la discussion un des *periti* est malgré tout revenu sur un passage

---

53. Quatre des cinq *Propositiones* se rapportaient à ces problèmes. Le vote sur ces questions d'abord annoncé par Suenens pour le 17 octobre n'a eu lieu que le 30 octobre.
54. À ce moment, le 3e chapitre traitait du laïcat.
55. Van Zuylen est intervenu au concile le 23 octobre 1963.
56. Pour ce texte, déjà envoyé à Philips le 12.1.1964, cf. F. Philips 1256 et 1299.

du texte déjà approuvé. Comme le président le laissait faire, j'ai également demandé la parole pour indiquer quelques défauts de formulation, comme je l'avais écrit dans ma note. Le président a dû concéder que j'avais raison (on devient membre du collège des évêques d' abord par la consécration; il est également requis qu'on vive en communion avec le pape. Mais ce deuxième élément n'est pas du même ordre et de même nature que le premier. Or le texte donnait l'impression que ces deux éléments avaient la même valeur). Dès lors, après quelques réactions de *periti* italiens, ma proposition concernant le changement du texte a été acceptée. Et ensuite, avec l'appui de Moeller et de Thils, j'ai encore obtenu un changement qui est important pour les Églises orientales. Cela n'a pas été facile mais j'ai fait l'expérience qu'en insistant on obtient gain de cause … Les plus graves difficultés viennent des *periti* italiens, qui, quand ils obtiennent la parole, ne cessent plus de parler le plus souvent à côté de la question, mais personne ne réussit à les arrêter, pas même l'assesseur du Saint-Office [P. Parente], qui y perdra ses derniers cheveux. Mais dans l'ensemble, la discussion a été bonne et c'est avec confiance que j'envisage les journées prochaines … De plusieurs côtés on avait insisté pour se réunir également le matin. Ce matin on n'y a pas réussi puisque notre président devait se rendre chez le pape dans l'avant-midi. Mais on commencera les réunions une demi-heure plus tôt, de 4h.30 à 7h.30. Toutefois le président m'a promis de faire de son mieux pour organiser des réunions l'avant-midi, au cas où on ne serait pas prêt pour samedi soir … J'espère être rentré dimanche prochain. Les autres [sous-] commissions ne seront certainement pas prêtes avant cette date de sorte que la commission plénière ne se réunira pas avant le 2 mars).

528 2.3.1964 [lundi], 2 p. (Hier on a déjà eu une première réunion[57] de trois heures et demie et quelques discussions le soir avec les experts. Je crains que la commission centrale [la commission doctrinale plénière] ne se réunisse qu'une fois par jour. Le matin serait consacré aux sous-commissions pour le schéma XVII. Mais je ne me suis pas préparé à cette matière. Au besoin je ferai appel à M. Kuppens pour me venir en aide. Il s'agit d'ailleurs de son cours (de morale familiale) et il pourrait me rendre service[58]. J'ai été content d'être arrivé à temps hier. *In extremis* j'ai encore été nommé membre de la sous-commission pour les textes bibliques et on m'a demandé de présenter le texte que j'avais discuté lundi passé avec Mgr Cerfaux à Louvain. Sans beaucoup de peine j'ai pu convaincre tous les membres de la commission,

---

57. Réunion de la sous-commission biblique, cf. Journal Charue, p. 158.
58. En effet le 22.5.1964, Kuppens enverra ses remarques à Heuschen au sujet du chapitre *De Matrimonio et Familia*, cf. n° 208-209.

même les Italiens, que le texte rédigé à Louvain était meilleur que le texte de la commission théologique. En conséquence la sous-commission a été unanime pour proposer de remplacer le texte de la commission par le texte de Louvain[59]. Mgr Cerfaux sera heureux et Mgr Charue était très content. Après la réunion il est venu me féliciter, ce qu'il ne fait qu'exceptionnellement. Mgr Philips aussi semblait satisfait … Si tout va bien pour les textes sur la sacramentalité et la collégialité de l'épiscopat, je pourrai dire que, concernant trois des passages les plus importants de la constitution j'ai rendu un grand service à l'Église … Je suppose que vous avez entendu qu'on a trouvé un successeur à Mgr Calewaert. C'est le candidat le plus apte. Et maintenant à la maison ils peuvent être tranquilles[60]).

529   9.3.1964 [lundi], 3 p. (On a été très occupé ces jours-ci … Les autres évêques laissent faire le travail par les Belges. C'est lourd mais cela comporte comme avantage qu'on a pu apporter au texte plusieurs améliorations afin de rendre le visage de l'Église plus humain et plus réel que dans la première constitution. Les deux jours derniers ont été durs … Le cardinal Ottaviani a de l'aplomb. À certains moments il jouait à un contre tous. Il est fort courageux et je dois avouer qu'il sait encaisser ses défaites avec le sourire. C'est une personnalité qui mérite le respect, même s'il nous a fait perdre un jour et demi. Le cardinal Browne, lui, avait perdu le nord et donnait, à certains moments, l'impression que l'Église tombait dans l'erreur. Il est significatif de voir comment la formation et l'éducation juridiques des théologiens romains les ont marqués. Ils n'ont aucun sens de l'Écriture, ni des Pères, ni de la tradition des dix premiers siècles de l'Église. Ils pensent encore comme au Moyen Âge. Et on sent à quel point les religieux craignent qu'on donne trop de pouvoir aux évêques. Ils ont fait l'impossible pour arrêter la marche des affaires et sont désemparés après les derniers votes. Le recteur de la Grégorienne [É. Dhanis], par exemple, déclarait aujourd'hui que la façon de voter dans la commission théologique était honteuse. C'est pourtant un Belge, mais un jésuite. Il semble qu'on voudrait revenir demain sur le dernier vote (nous avons obtenu les 2/3 avec une voix de plus; et trois membres de notre bord étaient absents). Mais alors ça va chauffer…
Je crains qu'on n'aie pas terminé samedi, mais peut-être seulement mardi de la semaine prochaine et ceci à condition qu'au mois de mai nous revenions finir le reste.

59. Pour ce texte, cf. n° 112-113 et F. Philips 1334.
60. Il s'agit probablement de rumeurs dans la presse. Parce que Mgr Van Peteghem n'a été nommé qu'en mai 1964.

Entre temps on m'a encore fait membre de la sous-commission pour les sources de la Révélation. Mais je crois que cette sous-commission ne travaillera plus maintenant, qu'on nous enverra les textes après Pâques et que, au mois de mai, nous viendrons quelques jours plus tôt. On m'a aussi fait membre d'une sous-commission pour le schéma XVII. Je n'ai pas d'idée ni où ni quand on va se réunir et ce qu'on pourra faire. Le comble c'est qu'on m'a promu membre de la commission biblique (une sous-commission de la commission doctrinale) et que, hier, j'ai, au nom de cette [sous-]commission, dû me battre avec les Italiens au sujet des textes bibliques et patristiques concernant la succession des apôtres. Tous les autres membres de notre commission m'ont laissé faire. Heureusement le vote était favorable et le cardinal König était content du nouveau texte[61] … Je viens de recevoir encore un coup de téléphone de l'évêque de Panama [M. McGrath] et de l'auxiliaire de Caracas [L. Henriquez] au Venezuela qui insistaient pour que j'appuie leur demande de continuer le travail après samedi. Ils me font remarquer qu'un voyage en avion aller-retour leur coûte 50.000 Fr. et qu'ils n'ont pas envie de revenir en mai. Je leur ai répondu que je suis prêt à continuer encore quelques jours le travail après le dimanche de la Passion [15 mars], mais qu'il sera malgré tout impossible de terminer l'ensemble du travail, puisque les sous-commissions ne sont pas assez avancées et qu'il est exclu de travailler intensément en même temps et dans la commission et dans les sous-commissions).

530 s. d. [mais probablement du samedi 14 mars], en partie ms., 1 p. (On a remporté notre affaire … Je suis très content du déroulement de la session. Tout ce qui nous tenait à cœur a été accepté et le texte, tel qu'il se présente, parlera aussi aux hommes et rendra possible de continuer le dialogue avec les protestants. Ceci est une affaire capitale pour le déroulement ultérieur des négociations entre Églises).

531 19.4.1964 [dimanche], 2 p. (Voyage heureux, l'atterrissage était facile et le vice-président du collège belge [L. Declerck] nous attendait pour nous conduire à Rome … Mgr van Zuylen n'a encore rien entrepris et de ma part je me tiendrai coi, en espérant que l'orage passera et qu'aussi à Rome on deviendra sage[62]).

61. Pour ce texte, cf. n° 110.
62. La nomination de l'évêque de Gand n'étant pas encore faite, Heuschen craint à nouveau d'être nommé à Gand.

532 22.4.1964 [mercredi], 1 p. (Les dernières nouvelles que j'ai recueillies m'ont apaisé quelque peu[63]. Il semble que le nonce a transmis à Rome les objections, qu'on avait émises de plusieurs côtés, et qu'à ce moment on hésite à Rome. Il semble aussi qu'on a transmis le dossier au sommet, pour que la décision soit prise à ce niveau. Mais le seul fait qu'on ait signalé les inconvénients, me rend tranquille et me donne bon espoir pour une issue favorable. J'ai l'impression qu'on attendra encore quelques jours avant de trancher l'affaire et chaque jour de délai est un jour gagné … Il y a une chance sérieuse que j'échappe au pire. Mgr van Zuylen n'a encore rien entrepris et je me suis tenu coi, mais je dispose aussi d'autres sources d'information et ce que j'ai appris me semble digne de foi … Les travaux ici avancent: nous avons rédigé notre premier texte à Hasselt[64] et l'avons fait passer. Cet après-midi nous commençons le second, mais j'ai l'impression qu'il sera plus difficile, parce que les Italiens ont eux aussi préparé un texte et il faudra faire un compromis).

533 31.5.1964 [dimanche], 1 p. (En arrivant ici une nouvelle plutôt mauvaise nous attendait. Les gens de la curie ne désarment pas et ont introduit auprès du pape un certain nombre de remarques au sujet du texte déjà approuvé sur la collégialité[65]. Ils ont tellement insisté que le pape a repris leurs remarques et demande que la commission les intègre dans le texte. Les 13 passages sont tous de la même tendance: à savoir le renforcement de la monarchie pontificale, et ils sont inspirés par un sentiment de méfiance vis-à-vis de ce qui est affirmé dans le texte. Il faudra maintenant savoir si le pape veut imposer ces modifications du texte ou bien s'il laisse à la commission la liberté de décision. En tout cas c'est un incident de plus qui, au lieu de faire diminuer les tensions, les augmentera. Par ailleurs, certaines additions offusqueront gravement les Orientaux. Toutes ces manœuvres ressemblent un peu à la procession d'Echternach. Et je doute fort qu'elles serviront l'autorité dans l'Église. En effet, si on apprend – ce qui est fort probable – que le Saint-Père lui-même invoque son autorité pour imposer ces changements, son intervention n'augmentera pas son crédit auprès de la plupart des évêques, bien au contraire. Nous ne savons encore rien sur le déroulement ultérieur de nos activités, mais si on revient chaque fois sur des

---

63. Il s'agit toujours de la nomination de l'évêque de Gand.

64. Pour ce texte, cf. n° 197.

65. Il s'agit des 13 *suggerimenti*, envoyés le 19.5.1964 par Felici à Ottaviani au nom du pape. Cf. F. Philips 1396-1412. Ces *suggerimenti* ont été rédigés par V. Carbone (cf. Journal Charue, p. 200).

textes déjà approuvés, nous serons encore ici dans un mois. Et tout cela dans une atmosphère qui n'est nullement propice au travail. Je ne m'étais pas attendu à de tels événements après le déroulement heureux et tranquille des réunions précédentes. De même la réforme de la curie ne semble pas avancer: le président de cette commission est archi-conservateur [F. Roberti] et le secrétaire [G. Pinna] est encore pire. On peut presque affirmer dès maintenant que cette réforme sera un enfant mort-né. Et pourtant chacun sait combien cette réforme est nécessaire).

534 3.6.1964 [mercredi][66], 1 p. (Au concile [= à la commision], la situation est difficile. L'opposition ne désarme pas et nous contraint tout le temps de faire appel au règlement, de rappeler le président à l'ordre et de faire des déclarations qui troublent l'atmosphère et la rendent désagréable. Je n'aurais pas cru que les gens de la curie étaient si coriaces. Leur cible principale est ce qu'ils appellent *la squadra belga*, le groupe des Belges dont ils font maintenant le bouc émissaire, parce que les Belges ont fait passer un tas de choses qui leur déplaisent. Heureusement que Mgr Henriquez, du Venezuela et Dom Butler, un anglican converti, nous aident sinon on devrait chaque fois tirer tout seuls les marrons du feu. Les Français et les Allemands partagent sans doute nos idées, mais au cours des réunions ils restent muets quand il s'agit de répondre à l'offensive venant de l'autre côté. Et comme il n'est plus permis aux *periti* de prendre la parole sur certaines questions, ce sont les évêques eux-mêmes qui chaque fois doivent ouvrir le feu. Ce n'est guère agréable, surtout que l'autre parti donne toujours l'impression que les thèses que nous défendons frôlent le protestantisme ou contredisent à tout le moins la doctrine universellement acceptée par les vrais et bons catholiques. Cette situation deviendra encore plus difficile quand la question de la collégialité – j'espère avant la fin de la semaine – sera discutée: en se référant au Saint-Père lui-même, ils rendront notre opposition doublement difficile. Avec Mgr Charue j'ai demandé une audience chez le pape pour le début de la semaine prochaine[67]).

66. La lettre porte la date du 3.5.1964. Mais on peut se demander si Mgr Heuschen ne s'est pas trompé de mois. En effet, il n'y pas eu de réunion de la commission théologique en mai 1964. Charue, qui n'était pas à Rome début mai, a eu une audience chez le pape le 10 juin (Journal Charue, p. 209). Dans cette lettre Heuschen parle d'ailleurs du temps déjà très chaud pour la saison.
67. Cette audience n'a pas eu lieu. En effet, Mgr Heuschen a dû rentrer d'urgence en Belgique pour la maladie de sa maman, qui est décédée le 16.6.1964.

IIIa SESSIO

535 13.9.1964 [dimanche], 2 p. [Tous les évêques sont ici, à l'exception de Mgr Descamps et de Mgr Van Waeyenbergh. Les échos que j'ai reçus ne sont pas trop défavorables. Mais il n'y a aucun doute que les gens [de la curie] ne cessent d'aller chez le pape pour l'adjurer de ne pas laisser passer le chapitre III sur l'Église et surtout pas la question de la collégialité, parce que ce texte serait encore rempli d'hérésies (hérésies cependant approuvées par le Saint-Office lui-même!)[68]. Pour les chapitres I et II du schéma sur l'Église on demande seulement un vote par chapitre (au lieu des 20 que l'on avait prévus initialement), mais pour le chapitre III ils en demandent 39. Il est clair maintenant que pour les gens de la curie il ne s'agit pas de théologie mais bien de leur position de pouvoir dans l'Église. (Notons d'ailleurs que dans le chapitre II des questions théologiquement complexes sont traitées et qu'au début la résistance était farouche. Mais maintenant on les laisse passer, parce qu'elles ne menacent pas la position de force des cercles romains). Donc la curie veut garder son pouvoir, c'est tout. J'espère cependant que cette manière d'agir ouvrira les yeux des évêques et aura comme conséquence qu'ils voteront avec encore plus de conviction le texte qui leur est soumis. Mais il faudra être soucieux d'informer à temps et sérieusement les différentes conférences épiscopales. En effet, dans l'avion, où je me trouvais avec une trentaine d'évêques, j'ai appris que la plupart des évêques n'avaient même pas encore lu le texte, sur lequel ils devront voter dans quelques jours!!! Même ici l'Esprit Saint aura chaud).

536 16.9.1964 [mercredi], 2 p. (… Je ne puis que difficilement quitter mon siège dans l'*aula* conciliaire, parce que je dois faire rapport sur ce qui s'y dit pour la presse … Au cours des réunions de la commission de lundi et de mardi, il y a eu de dures confrontations. J'ai pourtant l'impression que le dernier mot restera à la majorité de la commission, ce qui est incontestablement de grande importance pour les votes dans l'*aula*. Je crois sincèrement qu'on obtiendra sans trop de difficultés une majorité des 2/3 en faveur du texte et que les *modi* ne seront pas en nombre suffisant pour annuler ce résultat. Les surprises du dernier moment ne sont jamais à exclure, mais je crois que la plus grande majorité des Pères suivra la majorité de la commission).

68. Heuschen fait ici allusion à la lettre du cardinal Larraona et plusieurs autres cardinaux et supérieurs majeurs. Cf. G. CAPRILE, *Contributo alla storia della «Nota Explicativa Praevia»*, dans *Paolo VI e i Problemi ecclesiologici al Concilio*, Brescia, 1989, p. 595-603.

537   20.9.1964 [dimanche], 2 p. (La semaine à venir sera décisive pour le concile: les votes sur la sacramentalité et la collégialité sont prévus normalement pour mardi et mercredi. L'opposition ne désarme pas et cherche par tous les moyens à mettre des bâtons dans les roues. Le pire c'est que le secrétaire du concile ne cache même pas qu'il est du côté de l'opposition et fait tout son possible pour la favoriser. Cette attitude a donné lieu déjà, à plusieurs reprises, à des heurts violents au sein de la commission. Par exemple, hier, on a dû protester contre le fait que dans l'*aula* on distribue des appels anonymes à voter contre la collégialité, contre le fait que le secrétaire du concile de sa propre initiative veut donner la parole à l'opposition en dernier lieu (ce qui empêcherait de réfuter ses arguments), ou encore contre le fait que le texte de l'opposition est préparé au secrétariat du concile. Comment pourrait-on encore, dans ces circonstances, avoir confiance en Mgr Felici? Cet homme ose tout et domine même le cardinal-secrétaire d'État[69], qui est devenu un vieillard et qui perd le nord dans toutes ces discussions théologiques. Espérons malgré tout que le résultat soit bon; les votes des deux premiers chapitres ont déjà été très favorables).

538   23.9.1964 [mercredi], 2 p. (J'écris à la hâte quelques mots avant de me rendre à la réunion de la commission au Vatican, où nous devons discuter de quelques titres que le Saint-Père veut ajouter à la litanie de la Ste Vierge (!)[70]. Par ailleurs c'est une journée pleine de joie, puisque le vote *in aula* a été très favorable: en faveur du texte le plus discuté nous avons obtenu 86,6% des voix (tandis que l'année passée on avait obtenu pour le même texte 83,2%). La minorité a été réduite à un peu plus de 13% des Pères présents et ce en dépit de toutes les manœuvres des derniers temps pour influencer les évêques. Le pape semble être tranquillisé maintenant. Cependant je prévois qu'il insistera pour changer quelque peu le texte afin d'obtenir que les 300 votants *non placet* approuvent l'ensemble. Sur ce point nous devrons être vigilants, sinon les gens de la curie pourraient encore nous jouer un mauvais tour. Par ailleurs, lors du vote final sur l'ensemble du chapitre, on devra essayer d'empêcher qu'un trop grand nombre de Pères ne votent *placet iuxta modum*, c'est-à-dire approuvent le texte avec quelques amendements. S'il y a plus d'un tiers de voix *iuxta modum*, le texte n'est approuvé que sous condition et il doit être revu et soumis à nouveau au vote. Dans ce cas, tous les ennuis risquent de recommencer.

69. A. Cicognani.
70. Il s'agissait principalement du titre *Mater Ecclesiae*, à ajouter dans la litanie de Loreto, cf. F. Philips 1981-1982.

Si par contre on obtient les 2/3 des voix lors d'un vote final, alors on peut tenir compte des *modi* mais on n'y est pas obligé et le texte est approuvé définitivement).

539 27.9.1964 [dimanche], 2 p. (Je ne suis pas le seul à me sentir un peu fatigué; tous mes confrères ont le même sentiment et je vois le matin *in aula* que plusieurs – même Mgr van Zuylen – font un petit somme pendant les discours … Mercredi encore une journée importante: on doit voter ce jour là sur l'ensemble du chapitre III. Nous avons fait de notre mieux pour convaincre les différentes conférences épiscopales de déposer le moins possible de *modi* et de voter *placet* au lieu de *placet iuxta modum*. S'ils veulent néanmoins introduire des *modi*, nous leur avons conseillé de les concentrer sur une seule personne: cent *modi* introduits par un Père ne représentent qu'une voix *iuxta modum*; mais un *modus* déposé par 100 Pères signifie 100 voix *placet iuxta modum*. Et si nous n'obtenons pas les 2/3 des voix, nous devons examiner en commission tous les *modi* un par un, y répondre individuellement et l'ensemble doit être réimprimé et discuté *in aula*. Dans ce cas, on ne pourra pas être prêt pour la fin novembre. Mais si nous obtenons les 2/3 des voix, alors nous ne sommes pas strictement obligés d'examiner les *modi*. Bien sûr nous le ferons mais avec une plus grande liberté et nous ne sommes pas obligés de répondre dans le détail. Ainsi le travail de la commission deviendra beaucoup plus facile).

540 1.10.1964 [jeudi], 2 p. (Hier était une journée toute particulière: le vote a été très positif. Nous sommes maintenant à l'aise pour l'élaboration ultérieure du chapitre III et nous pouvons être assurés que la nouvelle constitution deviendra une réalité. Nous n'avons pas travaillé et transpiré en vain. Je suis même convaincu que l'atmosphère favorable qui règne actuellement dans l'*aula*, aura sa répercussion sur la discussion d'un autre texte difficile, auquel j'ai également travaillé et qui, à partir d'hier jusqu'à la semaine prochaine, est en discussion, à savoir le texte sur les sources de la Révélation … Ce texte, amendé par notre commission, est présenté à nouveau et je suis … certain que cette fois il obtiendra les 2/3 [de voix favorables] … Ne vous inquiétez pas trop au sujet de ma santé; je ne suis plus tout à fait en forme mais tout le monde commence à se sentir fatigué et je ne le suis pas plus que les autres … J'ai surtout peur pour Mgr Philips: priez pour qu'il puisse persévérer [à la tâche]).

541 3.10.1964 [samedi], 2 p. (Mgr Philips a été très fatigué par le travail. Il a voulu trop longtemps faire tout lui-même; ce qui a eu comme conséquence trop de lenteur dans la correction des textes. Depuis quelques jours, il m'a demandé de l'aider, afin de rattraper en partie notre retard. J'ai revu pour

lui les amendements concernant le schéma sur la Vierge et rédigé un rapport qu'il a lu aujourd'hui à la commission, rapport qui, pour les 2/3 a déjà été approuvé[71]. De même on avance plus vite avec le texte sur l'Église des Saints[72]. Le grand travail restera les *modi* en rapport avec le chapitre III. Pour ralentir la marche du travail, les Italiens ont introduit une masse de *modi*, au total plus de 4.000. Évidemment beaucoup de ces *modi* sont identiques, mais ils doivent tous être mis sur fiches, classés, résumés et discutés en commission. Déjà ce seul travail préparatoire demandera quinze jours, et ce à condition que nous ayons en main une partie du travail. Si le P. Tromp veut tout garder chez lui, cela prendra au moins un mois de temps. Nous avons déjà tâté le terrain aujourd'hui, mais on disait ne rien savoir et ne pas avoir encore eu les textes en main. Il est également plausible que Mgr Felici soit responsable de cette situation: il essayerait de garder les *modi* le plus longtemps possible chez lui afin d'empêcher que les corrections du texte soient prêtes pour la fin de cette session. En effet la curie ne se rend pas et entreprend continuellement des démarches auprès du pape: elle invoque le fait qu'il y a plusieurs milliers de *modi* pour obliger le pape à intervenir sous prétexte que la commission théologique, entièrement prévenue selon les Italiens, ne fera pas son travail de façon honnête. Vous voyez qu'ici on s'y connaît pour nous causer des ennuis. On donnerait à nouveau raison à cet évêque français qui déclarait récemment: «Il est grand temps que le Saint-Esprit souffle en tornade à Rome, parce qu'il y réside beaucoup trop de mauvais esprits»).

542 8.10.1964 [jeudi][73], 2 p. (On avait espéré apprendre aujourd'hui le programme pour les semaines prochaines, mais les dirigeants n'ont encore rien décidé. Ils veulent attendre la réunion, que nous aurons la semaine prochaine à la commission théologique et où on discutera du schéma XIII. Si ce schéma reste au programme, une quatrième session sera nécessaire. Si on l'abandonne, ce que je ne souhaite point mais qui est désiré par beaucoup de gens de la curie, alors on peut terminer avant la fin novembre, à condition toutefois de donner une semaine de congé au concile pour que la commission dispose du temps nécessaire pour examiner les amendements et les *modi*. Déjà pour le seul chapitre III l'opposition a introduit 5.606 *modi* … Mgr Philips est très fatigué et rentre pour quelques jours en Belgique après nous avoir indiqué les matières que nous aurons à traiter pendant cinq

---

71. Pour ce texte, cf. F. Philips 2007-2010.
72. Sic. C'est à dire le chapitre VII: Caractère eschatologique de l'Église pérégrinante et son union avec l'Église céleste.
73. Mais en fait du 7.10.1964.

jours[74] … Lundi passé j'ai de nouveau dû parler *in aula* et cela a bien réussi[75] … Mon intervention tomba à un moment favorable parce que ceux qui m'avaient précédé, un Irlandais[76] et un Italien[77] avaient défendu exactement le contraire de ce que je plaidais; de sorte que les Pères écoutaient avec beaucoup d'attention et étaient contents qu'on ait répliqué à l'opposition).

543 10.10.1964 [samedi], 2 p. (Tout à l'heure je dois partir au Vatican pour travailler aux 5.606 *modi* … La guerre des nerfs continue. Mercredi il est devenu clair qu'on n'ajoutera pas de nouveaux membres à la commission théologique. Le pape lui-même l'a confirmé jeudi. Mais il n'est pas encore certain si on discutera le schéma XIII ou si on l'abandonnera après quelques jours. Heureusement les dirigeants ont décidé d'attendre l'avis de la commission théologique. Nous dirons évidemment que le texte ne nous convient pas, mais qu'il est absolument nécessaire d'avoir un texte à ce sujet, texte qui doit être préparé dans les prochains mois et discuté lors de la session suivante. Si le pape, sous pression des cercles de la curie, lâchait cette cause, tout pourrait finir rapidement. Les gens de la curie ne veulent pas laisser discuter les 6 schémas et les *Propositiones*, mais seulement les faire voter[78]. S'ils parviennent à couler le schéma XIII, le concile pourrait terminer la discussion des textes pour la Toussaint. Mais, dans cette éventualité, la commission n'aurait pas achevé la ventilation des *modi*, ce qui empêcherait de présenter à nouveau le texte *in aula*. C'est bien ce que les gens de la curie désirent et alors ils pourraient eux-mêmes éditer les textes, après y avoir apporté leurs corrections eux-mêmes. C'est pourquoi nous avons convaincu les modérateurs de soumettre également à la discussion les *Propositiones* afin de faire durer la session au moins jusqu'à la mi-novembre, parce que les textes revus du *De Ecclesia* ne pourront être prêts pour être imprimés et discutés plus tôt. Vous voyez que, chaque jour, il faut être prêt à parer une nouvelle attaque. Ces gens-ci avaient l'habitude d'agir à leur guise comme s'il n'y avait pas d'évêques ni une Église en dehors de Rome. Mais on leur fera voir qu'on ne se laisse plus faire. Il est évidemment dommage que notre travail ne soit pas prêt plus tôt mais c'est la faute des Italiens avec leurs milliers de *modi*. [Espérons du moins] qu'une

74. Mgr Philips est retourné en Belgique pour reposer quelques jours et pour voter aux élections communales le 11.10.1964, cf. Journal Philips, 11.10.1964.
75. Intervention de Heuschen du 5.10.1964 sur la doctrine de l'historicité des évangiles, en tenant compte des recherches de l'exégèse catholique moderne.
76. W. Philbin, évêque de Down Connor.
77. P. Gasbarri, administrateur apostolique de Grosseto.
78. Sur proposition du cardinal Döpfner, la commission de coordination avait réduit plusieurs schémas «mineurs» à des simples *Propositiones*.

fois passées ces 5 ou 6 semaines on aura un texte établi qui laissera son empreinte sur l'Église pour de nombreuses années).

544   14.10.1964 [mercredi], 2 p. (Nous avons vécu des journées mouvementés ... C'était la énième offensive de Mgr Felici et de la Secrétairerie d'État. Une fois de plus on a invoqué l'autorité du pape, quoiqu' il soit devenu clair dans la suite que le Saint-Père avait été dupé et qu'il ne savait rien des deux commissions envisagées. Ces gens se permettent vraiment tout. Heureusement, le card. Frings a osé prendre l'initiative pour écrire une lettre de protestation qui a eu son effet sur le pape. Les autres disent maintenant: «Vous voyez ce que c'est que la collégialité: le pape n'est même plus maître chez lui». Ils oublient d'ajouter qu'ils avaient l'habitude de tout régenter au nom du pape et qu'ils ne supportent pas qu'on ne les laisse plus faire. Mais je suis tout à fait certain que demain ils recommenceront autre chose. Ils osent tout et comme le Saint-Père les laisse faire et ne les met pas à la porte après de pareils incidents, ils sont en train d'inventer autre chose pour se faire valoir et de remporter une autre affaire. Si, dans la société civile, un ministre se permettait chose pareille, on l'obligerait à la démission. Mais depuis des siècles les gens de la curie ont l'habitude de tout dominer. Que voulez-vous alors? ... Il m'a fallu beaucoup de diplomatie pour obtenir du P. Tromp qu'il apporte un paquet de *modi* au collège belge. Nous avons travaillé pendant deux jours avec acharnement et lundi on pouvait lui livrer 2004 *modi*: classés, groupés, comptés et au contenu fiché. Il en est resté bouche bée et nous a demandé lundi si nous pouvions continuer à l'aider. Ce matin nous étions prêts avec 3.800 *modi* des 4.046 au sujet de la première partie du chapitre III. Tromp était vraiment enthousiaste et demandait si nous ne pouvions recommencer son propre travail, la classification des 246 *modi* restants, selon notre méthode. Nous avons évidemment accepté et ainsi ce soir tous les *modi* de la première partie sont en ordre, de sorte que la commission, à partir de vendredi, puisse commencer la discussion en sous-commission. Le comble c'est que le card. König a suggéré au P. Tromp de me demander de le remplacer à la première sous-commission, parce que je connaissais les *modi* et qu'avec moi le travail avancerait. C'est ce que m'a dit Tromp et le card. König me l'a confirmé lui-même. C'est encore du travail supplémentaire mais ainsi nous aurons une chance de terminer la discussion des *modi* à la commission avant la Toussaint et d'être à même de présenter le texte *in aula* avant la fin de cette session. Quand vous saurez que cette semaine nous avons eu chaque jour depuis hier une réunion de la commission de 4h. à 7h.30, vous devrez reconnaître qu'il ne nous reste pas beaucoup de temps pour souffler ... La santé reste bonne ... Je serai quand même heureux dans 4 semaines, quand

tout cela sera passé … On n'a pas encore décidé quand cette session se terminera, mais nous avons déjà réussi de ralentir quelque peu le rythme des
discussions *in aula* et d'avancer quelques éléments qui rendront pratiquement une 4e session inévitable[79]. Il est possible que demain on décide s'il y
aura oui ou non une quatrième session et quand elle prendra fin).

545 18.10.1964 [dimanche], 1 p. (Il est maintenant décidé que [la session
     actuelle du] concile prendra fin le 21 novembre … Pendant un certain
     temps la Secrétairerie d'État a essayé, après la défaite de Mgr Felici, de pro-
     longer le concile jusqu'au 8 décembre, pour pouvoir en finir cette année,
     mais la décision du pape a rendu cette éventualité impossible … Mainte-
     nant que les gens du secrétariat [du concile] doivent reconnaître leur
     défaite[80], ils essaient de sauver les apparences en exigeant des commissions
     qu'elles terminent au plus tôt leur travail. Et dire qu'ils ont fabriqué des
     milliers et des milliers de *modi* pour faire traîner les affaires, qu'ils ont empê-
     ché d'employer pour les *modi* un format unique afin de rendre le classement
     difficile, qu'ils ont gardé chez eux les *modi* pendant une semaine et qu'ils
     ont encore dans la suite transmis des *modi*, tout cela afin de faire traîner les
     discussions en longueur. Il faut avoir du culot! Heureusement que nous
     avons entrepris le travail ici, car, en une semaine, nous avons classé 5.000
     modi, tandis que le P. Tromp, comme on l'a constaté, avait besoin de 10
     jours pour en classer 500. Sur ces 5.000 nous en avons, jusqu'aujourd'hui,
     déjà discuté 1.000 en sous-commission et préparé chaque fois la réponse.
     Nous devons maintenant essayer de discuter cette semaine en sous-com-
     mission les 4.000 restants afin de les traiter tous en commission avant la
     Toussaint. Le P. Tromp se perd dans notre classification et il m'a demandé,
     après que j'aie terminé la première sous-commission, de bien vouloir siéger
     également dans la 2e sous-commission. J'ai accepté et nous avons terminé
     ce travail. Hier il est encore venu me demander si je voulais siéger avec Mgr
     Philips et lui-même, dans les autres sous-commissions (il en restait deux).
     Je lui ai répondu par l'affirmative à condition que Mgr Parente[81] marque
     son accord. Il sait bien ce qu'il [me] demande. En effet, après la réunion
     de la sous-commission, je fais le rapport dactylographié in extenso, afin que
     les services techniques puissent l'imprimer. Et tout doit être fait en vitesse.

79. Pour ce document du 7.10.1964, destiné au card. Suenens et à la réunion des modérateurs, cf. F. Philips 1817 et FConc. Suenens 2015.
     80. Heuschen fait probablement allusion au fait que le pape était revenu sur la décision
d'élargir, avec des personnalités conservatrices, les commissions pour la Liberté religieuse et
pour le *De Iudaeis*.
     81. Mgr Parente était président de la sous-commission V qui traitait de la collégialité.

Le pire, c'est que je siège encore dans deux sous-commissions pour les sources de la Révélation et que, de surcroît, la commission doctrinale se réunit pratiquement tous les jours. Du matin très tôt jusque tard dans la soirée, il faut se réunir, dactylographier les rapports et se réunir encore. Mais je crois malgré tout qu'on sera prêt à temps).

546 21.10.1964 [mercredi], 1 p. (Hier[82] un autre incident s'est produit dans notre commission où on a lu une lettre de la Secrétairerie d'État demandant de coopter un membre de la minorité dans la commission qui traite les *modi*, en arguant que cela pouvait accélérer le travail!!! (chacun sait que ces gens ne pensent qu'à faire de l'obstruction). En réalité, on ne nous fait pas confiance[83]. Et comme nous l'avons appris plus tard, il est regrettable que le pape lui-même ait été d'accord avec cette lettre et l'ait même inspirée par souci de faire un geste en faveur de la minorité. Mais on ne se rend pas compte que ce genre d'intervention fait un affront aux autres membres en donnant l'impression que ceux-ci pourraient profiter de l'occasion pour subtiliser certains *modi* (ce qui est dans la manière d'agir des Italiens). On a vraiment l'impression que les actes du pape varient d'un jour à l'autre. Tout fait prévoir que les commissions mixtes concernant les Juifs et la Liberté religieuse seront malgré tout constituées mais avec des membres plus acceptables. Vous le constatez: le pape n'est constant en rien et c'est le dernier qui l'a approché qui obtient raison, parce qu'il ne veut contrarier personne. Ainsi finalement tout le monde se retourne contre lui parce qu'il brise la confiance qu'on avait mise en lui. Je crains que, s'il continue de cette façon, il ne perde une grande partie de son prestige et que les cardinaux étrangers ne réfléchissent à deux fois avant d'élire à nouveau un Italien. Même le P. Tromp, qui est cependant de l'autre bord, était vraiment fâché cette fois et a refusé d'aller demander des explications à la Secrétairerie d'État. Il décida simplement qu'on devait continuer le travail et nous avons eu toute la peine du monde d'obtenir de lui que nous puissions, de notre propre initiative, demander à un membre de la minorité de venir à la commission[84]. Toutefois pendant les deux jours d'intervalle, nous avions pris la précaution de discuter le plus possible de *modi* et surtout les plus dangereux de sorte que,

82. Selon le Journal Tromp, 19.10.64, cet incident s'est produit le 19.10.1964 [Cf. Archivio Segreto Vaticano, Conc. Vat. II, 1198].

83. Pour cette demande du pape, cf. G. CAPRILE, *Contributo alla storia della «Nota Explicativa Praevia»*, p. 632, 635-636.

84. On a fait la demande à Mgr Franić, qui a gracieusement refusé, cf. J. GROOTAERS (éd.), *Primauté et Collégialité. Le dossier de Gérard Philips sur la Nota Explicativa Praevia*, Leuven, 1986, p. 66.

quand cet homme viendra, nous n'ayons plus à examiner que des amendements innocents. Ainsi nous l'aurons malgré tout neutralisé. Mais il faudra encore presque une semaine pour rédiger en latin le rapport du travail qu'on a fait en deux jours et préparer le tout pour la discussion en commission plénière. Vous voyez qu'ici la tempête continue).

547 25.10.1964 [dimanche], 1 p. (Nous avons déjà discuté 3.800 *modi*, mais environ 2.200 restent à traiter cette semaine et je puis vous assurer que cela nous demande un effort extraordinaire. C'est vraiment une course contre la montre. Et à nouveau il y a eu cette semaine quelques incidents pénibles dans notre commission … Heureusement ces messieurs ont compris (mais pour combien de temps?) qu'ils détruisaient leur propre édifice et depuis vendredi soir ils sont devenu plus coulants. Ainsi renaît l'espoir de pouvoir terminer le travail, mais il faudra encore déployer un extrême effort … Depuis quelques jours je ne me suis plus rendu aux congrégations générales *in aula* les matins (mais bien aux réunions de la commission) afin de pouvoir continuer à travailler et je suis heureux que la fête de la Toussaint approche afin de pouvoir souffler un moment. On ne peut plus continuer à ce rythme. … Mercredi soir Philips était vraiment énervé: «Qu'ils aillent au diable», disait-il, «moi on ne me verra plus». Jeudi soir j'ai pris conseil avec le P. Tromp et je lui ai fait comprendre que, si nos adversaires continuent de cette façon, la majorité de la commission allait renforcer davantage le texte et en conséquence le rendre encore moins «acceptable» pour la minorité. Vendredi tout le monde était gentil et on nous a complimenté à souhait. En moi-même je me suis fait la réflexion: il vaudra quand même mieux apporter un coussin, car demain les coups de pied peuvent recommencer. L'atmosphère est vraiment extrêmement désagréable et je serai content de quitter cet endroit. En tout cas, si ces gens-là doivent réformer l'Église, le résultat sera nul).

548 29.10.1964 [jeudi], 1 p. (Je suis très fatigué … tous les jours, nous avons travaillé jusqu'à 11h.30 du soir … Mais nous avons pu respecter notre plan de travail. Tous me laissent la liberté d'agir: même Tromp vient me demander maintenant: «Qu'est-ce que vous prévoyez pour demain?», et il regrette que le matin je ne puisse me rendre à Santa Marta pour la sous-commission. Je reste en effet, à ce moment, au collège pour rédiger, à la place de Mgr Philips, les réponses aux *modi*. Ce dernier, qui pourtant est très avare avec de compliments, m'a dit hier: «Monseigneur, vous avez vraiment réussi votre *forcing*; sans vous le texte n'aurait jamais été prêt pour la fin de la session». Celui qui le connaît, sait ce que cela signifie. Il s'agit

maintenant de travailler encore quelques jours à ce rythme et mardi de la semaine prochaine le pire sera passé. Nous avons traité les 6.000 *modi* du chapitre III qui seront discutés et terminés, j'en suis certain, à la commission demain. Cette semaine nous aurons préparé le traitement des *modi* des chapitres IV et VII; et mardi prochain on traitera les *modi* des chapitres V et VI et mercredi ceux du chapitre VIII. Ainsi au milieu de la semaine tout sera prêt. Seulement, ces jours-ci, je dois encore rédiger toutes les réponses aux 2.000 *modi* des chapitres IV, V, VI, VII et VIII. Mais ce n'est plus qu'un jeu d'enfant, comparé à ce qui a déjà été fait. Il s'agit en effet de questions beaucoup moins difficiles et nous ne devons pas craindre que le Vatican n'examine chaque phrase de notre réponse, comme ce fut le cas pour le chapitre III … Mgr Onclin a flanché il y a quelques jours et nous devons faire de notre mieux pour soutenir Mgr Philips, qui est fort éprouvé. Heureusement que, dans la vie d'un homme, un tel concile ne se tient qu'une fois!).

549 30.10.1964 [vendredi], 1 p. (La tension des derniers jours a quelque peu diminué … Le Père Tromp est tout miel et m'a même demandé si on ne devait pas nous rétribuer pour notre travail!!! Je lui ai répondu que je n'avais qu'un souhait: recevoir le plus vite possible les *modi* au sujet du chapitre sur la Vierge, pour pouvoir y travailler pendant les jours de congé qui arrivent et ne pas être astreint à du travail nocturne. Alors le P. Tromp a bien été obligé de répondre qu'il ne les recevait pas lui-même de Mgr Felici, car ce dernier les retenait d'habitude pendant une semaine. J'ai donc pris mon courage en main et j'ai été chez Mgr Colombo pour lui dire: «Si vous voulez que Mgr Philips demeure en vie, procurez-moi les *modi* avant vendredi midi afin que nous puissions les classer et préparer le travail de Mgr Philips. Ainsi il ne devra plus prester des heures supplémentaires». Vous savez que Mgr Colombo est membre de notre commission et le théologien personnel du pape. Aujourd'hui à midi, on est venu me dire qu'il y avait un cadeau pour moi à Santa Marta: c'étaient trois boîtes de *modi* au sujet de la Vierge. Il y en a encore 2.000, mais j'ai demandé six assistants pour demain: ainsi nous serons prêts assez vite et, dimanche, nous pourrons sans doute faire une excursion pour prendre un bol d'air … C'est encore du travail supplémentaire mais maintenant je suis certain que la constitution sur l'Église sera votée *in aula*. Ce qui ne signifie pas qu'il ne faille plus s'attendre à des manœuvres. Même Mgr Colombo m'a laissé entrevoir que – à y regarder de plus près – le texte, qu'il avait pourtant lui-même approuvé avec toute la commission, ne lui donnait pas entière satisfaction. Cela signifie que le texte ne plaît pas encore tout à fait au pape. Et, de fait, cet après-midi, il y a eu un coup de téléphone, pour nous

demander des explications sur trois de nos *modi*[85]. Nous essayerons de rédiger demain matin une réponse mais que de travail supplémentaire! Et tout se passe dans le plus grand secret. Si nous ne trouvons pas les mots exacts, adaptés à leur compréhension, je m'attends à des nouvelles difficultés lors de la commission de mercredi. Tout cela est plutôt nuisible pour l'autorité du pape. Mais on a déjà affronté d'autres tempêtes; et j'ai bon espoir que cette fois-ci on en sortira également).

550 s. d., ms., 1 p. (carte de vue de la place Saint-Pierre; Heuschen parle d'une excursion à Terracina, qui a eu lieu le 1.11.1964, cf. n° 450 et Journal Philips, 1.11.1964).

551 4.11.1964 [mercredi], 1 p. [Si nous pouvons tenir jusqu'à dimanche, le pire sera passé. J'ai fait le décompte: en 4 semaines nous avons classé, mis sur fiches, discuté, répondu, dactylographié et polycopié les réponses, traité en commission et finalement préparé pour l'impression plus de 15.000 *modi*. Je ne voudrais pas recommencer! Après un coup de téléphone du Vatican samedi, on en a encore reçu hier et avant-hier, en même temps que la visite de Mgr Colombo, proposant un texte d'introduction pour le chapitre III, à voter par la commission. Officiellement le texte vient de lui, mais comme il est le théologien du pape, tout le monde sait qui est derrière lui. On a essayé de lui faire comprendre qu'au moins 8 points de ce texte, tel qu'il est rédigé maintenant, soulèveront des difficultés et qu'il ne sera pas accepté comme tel par la commission. Si lui (ou le grand patron), reste sur sa position alors le pape devra ou bien imposer ce texte contre l'avis de la commission, ou bien permettre de le discuter, ce qui prendrait à nouveau quelques jours et empêcherait d'être prêt avant le milieu de la semaine prochaine. On avait espéré obtenir une réponse aujourd'hui, mais tout à l'heure on nous a fait comprendre que la réponse n'arrivera que demain. Et entre temps, ce matin, Mgr Felici est venu protester parce que le chapitre III n'était pas encore prêt. Mgr Philips lui a répondu: allez donc en parler au grand patron. Vous voyez qu'on a bien besoin du Saint-Esprit, et surtout «en haut», où l'on pense toujours dans le cadre d'une monarchie absolue. Nous avons beaucoup perdu avec la mort de Jean XXIII. Toutefois je reste convaincu que le pape n'osera pas entrer ouvertement en conflit avec la commission. Il sait trop bien que la minorité ne représente que 300 voix

85. Il s'agit probablement des trois *modi* proposés par le P. Ciappi; cf. G. CAPRILE, *Contributo alla storia della «Nota Explicativa Praevia»*, p. 641-648 et J. GROOTAERS, *Primauté et Collégialité. Le dossier de Gérard Philips sur la Nota Explicativa Praevia*, Leuven, 1986, p. 91-97 et 106-108.

sur les 2.100. Il ne peut pas se permettre d'entrer en conflit avec 87% des évêques de tous les pays et même avec la moitié des Italiens. J'espère donc obtenir une réponse positive demain).

552   8.11.1964 [dimanche], 2 p. (Les plus dures tensions sont passées, mais on ressent maintenant le contre-coup. Sauf intervention imprévue d'en haut, le schéma sur l'Église sera voté avant la fin de la session. Tous les chapitres, avec les *modi* correspondants, ont été portés à l'imprimeur, et les derniers hier soir … Vous aurez lu dans les journaux que notre cardinal a reçu une réprimande du pape à propos de son intervention sur la morale conjugale: ce n'était pas à cause de la doctrine mais parce qu'il avait demandé que la commission pontificale soit élargie (elle est en effet composée presque uniquement d'Italiens). Cette intervention du pape a fait très mauvaise impression. D'autres événements ont également fait mauvaise impression: il circule des rumeurs de difficultés au sujet du chapitre III sur l'Église et de plus, le pape s'est prononcé, avant la discussion du schéma, en faveur du texte sur les Missions. Tous les évêques missionnaires sont pourtant radicalement opposés à ce texte et demandent de voter *non placet* ou de trouver une autre issue. Le Saint-Père perd de plus en plus son crédit. Il est urgent que la session se termine, autrement il y aura de la casse. Mais il serait encore plus nécessaire que le pape choisisse d'autres conseillers, car son prestige a été gravement affecté. On sent que l'opposition ne vient pas seulement de Felici, mais du pape lui-même qui apparaît de plus en plus de l'autre bord. Si les schémas sur l'Église, l'Œcuménisme et la Liberté religieuse passent, beaucoup de choses peuvent encore être réparées. Mais je n'ose penser aux conséquences s'il surgit encore des difficultés de ce côté).

553   12.11.1964 [jeudi], 2 p. (Le collège belge est devenu un hôpital en miniature: Mgr van Zuylen a, après une semaine, toujours 37,5° de fièvre, Mgr Schoenmaeckers est alité; Mgr De Kesel, Anné, Lagasse doivent garder la chambre. Et Mgr Van Peteghem se sent affaibli … Tout à l'heure, nouvelle réunion de la commission parce que le pape nous oblige d'introduire quelques amendements dans le chapitre III. Mgr Charue me les a montrés: ils n'ont guère d'importance sauf un point qui est absolument inacceptable pour les Orthodoxes et produirait l'effet d'une bombe auprès du patriarche Athénagoras; un autre en rapport avec les diacres soulèvera peut-être une tempête chez les Sud-Américains. Si on réussit à éliminer ces deux choses, le reste peut passer pour moi. Mais il est quand même pénible de constater, une fois de plus, que le pape se comporte en dictateur absolu dans cette question. Il se cache derrière une note qu'un père jésuite[86] lui a envoyée et

86. W. Bertrams.

dans laquelle ce dernier fait part de ses scrupules de conscience concernant certaines formulations du texte. Mais pourquoi n'a-t-il pas invité Mgr Philips ou quelqu'un d'autre à discuter de ces questions en présence de ce jésuite et de prendre alors une décision? Maintenant il prend position pour un parti et il oublie que manifestement ce jésuite n'a pas compris pourquoi on a observé le silence sur certaines questions (c'était, en fait, pour rendre possible le dialogue avec les Orthodoxes). Son intervention montre à tous les membres de la commission qu'il n'a pas lui-même compris le texte. Et il ne demande pas d'examiner ces amendements, non, il les impose. En tout cas je dirai, comme ce jésuite, que je veux moi aussi décharger ma conscience et je demanderai au cardinal Ottaviani de faire observer au pape que l'introduction de ce texte offusquera gravement Athénagoras, et ceci après qu'il ait tout fait pour rendre un dialogue possible[87]. Vous voyez qu'il faut intervenir tout le temps afin d'éviter des gaffes. Qu'est-ce que cela sera quand les évêques ne seront plus ici? Je n'ose y penser. Enfin, on laissera travailler le Saint-Esprit. Si aujourd'hui nous pouvons obtenir de parler encore au pape, alors le texte pourra être imprimé et être distribué *in aula* samedi ou, au plus tard, lundi. Mais si le pape continue à demander une note explicative à la manière de Colombo, on ne pourra plus finir pendant cette session).

554 13.11.1964 [vendredi], 1 p. (La commission a fait son devoir et, hier soir, j'ai fait le rapport, qu'on est venu chercher du Vatican à 8h. Certaines propositions du Saint-Père ont été acceptées, d'autres ont été refusées et on lui a indiqué les dangers des formules proposées. J'espère qu'il se laissera convaincre et donnera le feu vert aujourd'hui. Hier soir, il a dit aux modérateurs qu'il avait donné ordre à l'imprimerie de travailler jour et nuit. Ce qui est regrettable, c'est que les évêques deviennent nerveux et nous accablent tout le temps de questions, alors qu'on nous a imposé le secret. Si lundi le texte n'est pas distribué, je suis certain qu'un grand nombre d'évêques écriront une lettre au pape, ce qu'il n'apprécie guère. De même, il a été très mécontent du vote *in aula* au sujet du schéma sur les Missions. Il donne l'impression de croire qu'on veut lui enlever une partie de ses prérogatives. Quelle différence avec Jean XXIII! C'est peut-être la voie que la Providence utilise pour convaincre les cardinaux que le prochain pape ne peut plus être un Italien. On lui avait déconseillé de se rendre en Inde,

---

87. Comme l'explique le N.B. de la *Nota Explicativa Praevia* il s'agissait de la validité et de la licéité du pouvoir qui est exercé chez les Orientaux séparés. Heuschen fait également allusion à la rencontre du pape et du patriarche Athénagoras lors de son pèlerinage en Terre Sainte en janvier 1964.

parce que cette visite ne sera pas bien vue par les Hindous, surtout s'il se présente comme «le pape missionnaire». On peut le regretter, mais c'est un fait que pour les Hindous fanatiques, la mission est mise sur le même pied que le colonialisme. Mais on est incapable de comprendre cette attitude à Rome).

555   15.11.1964 [dimanche], 2 p. (… tous les chapitres restants avec les *modi* de la constitution sur l'Église ont été distribués hier *in aula* et on les votera mardi et mercredi. Le vote final a été postposé jusqu'à samedi … Vendredi midi, le P. Tromp est venu apporter une lettre de la Secrétairerie d'État. Nous pensions que c'était la bonne nouvelle, mais le pape nous a transmis une lettre d'un membre de la commission[88], qui, se réclamant de la minorité, exprimait son mécontentement de ce qu'on n'écoutait plus cette minorité. Il proposait quelques changements dans le texte, qu'on avait déjà refusés à plusieurs reprises et pour de sérieuses raisons. Quand Mgr Philips a lu cette lettre, il était désemparé. L'homme qui protestait n'avait, depuis le début de cette session, plus jamais pris la parole et il avait du moins donné l'impression d'être gagné à la cause. La réaction de Mgr Philips a été de s'exclamer: «Tout est fichu! Le pape cherche une raison pour expliquer son refus». J'ai essayé de le remonter et je lui ai dit que la réponse attendue du pape ne pouvait pas encore être prête: en effet, il avait assisté le matin à la messe de Maximos IV et il avait dû faire une sieste l'après-midi. Dès lors, ce ne serait que dans la soirée qu'on aurait la réponse définitive. Je me suis alors promené une heure avec Mgr Philips dans le jardin du collège pour le calmer quelque peu. Et, en effet, à 6h. le secrétaire du cardinal Ottaviani est venu nous dire que le Saint-Père acceptait notre réponse et qu'il n'avait plus qu'une objection contre une formule, en nous permettant de la modifier à notre guise. Nous l'avons fait sur le champ et nous avons entrepris immédiatement la correction des épreuves. Dès 6h.25 on téléphonait du Vatican pour demander d'apporter tout de suite les épreuves, car on voulait encore imprimer le texte cette nuit-là avec du personnel supplémentaire, ce qui a été fait. Maintenant l'affaire est terminée. La seule difficulté restante est que nous devons avertir le plus d'évêques possible pour leur dire qu'ils doivent voter tout simplement *placet*. En effet, la semaine passée des rumeurs incontrôlées ont circulé rapportant que le pape avait corrigé personnellement le texte et qu'il ne restait plus grand-chose de la collégialité. La plupart des Pères ne liront évidemment pas le volume de plus de 200 pages (grand format) de nos réponses aux *modi* et

88. M. R. Gagnebet, cf. F. Philips 1908-1909.

ils ne sauront qu'à demi ce que ce volume contient, lorsqu'ils voteront. Nous devons donc leur faire savoir qu'ils peuvent être tranquilles et qu'ils doivent voter «oui». Ceci constitue encore un petit travail supplémentaire pour aujourd'hui et demain. Ensuite nous aurons terminé. Il était temps, parce que tout le monde en avait assez).

IIIa INTERSESSIO

556 1.2.1965 [lundi], 2 p. (Ici le travail est bien avancé. Hier soir j'apprenais que notre groupe de travail était le seul à avoir rédigé un projet de texte[89]. Les autres n'étaient encore nulle part. En conséquence, aujourd'hui plus de la moitié de notre texte a été examinée en première lecture, tandis que les autres ne sont nulle part et discutaient encore de la façon suivant laquelle ils allaient rédiger leur texte. Avec un peu de chance nous pourrons achever demain la première lecture du reste de notre texte. J'ai dès lors proposé que mercredi nous travaillions nous-mêmes[90] à Rome pour mettre le texte définitivement au point, sur base des remarques faites, et que, par après, on reprenne le tout à Ariccia. S'il n'y a pas de contretemps, le tout pourrait être prêt vendredi, du moins en ce qui concerne le travail de notre commission, tandis qu'il n'est que peu probable que les autres commission soient prêtes avant lundi. Dans ce cas j'ai l'intention de demander que la commission centrale examine d'abord notre texte afin qu'on en ait fini lundi ou mardi de la semaine prochaine. Vous pouvez être certain que je ferai mon possible pour accélérer le travail).

557 3.2.1965 [mercredi], 2 p. (Les travaux se sont assez bien passés ici. Nous avons pu examiner notre texte en première lecture, tandis que les autres commissions n'ont pas encore commencé la rédaction de leur texte. J'entendais, hier, que plusieurs évêques étaient d'avis que le travail de notre commission était pratiquement terminé et qu'ils n'avaient nullement l'intention de rester à Rome toute la semaine prochaine. J'ai évidemment appuyé ces bonnes résolutions en espérant que je pourrai ainsi partir plus tôt. Cependant, en dernière minute, on nous a encore chargé d'un petit travail supplémentaire: préparer un texte pour la commission pontificale – au sujet du mariage – où l'on attire l'attention sur le fait que nous ne pouvons pas prendre position sur certaines matières aussi longtemps que

---

89. Pour ce texte cf. M. LAMBERIGTS & L. DECLERCK, *Le texte de Hasselt. Une étape méconnue de l'histoire du De Matrimonio (schéma XIII)*, dans *ETL* 80 (2004) 485-504.

90. Il s'agit du groupe de travail composé par Heuschen et quelques théologiens et qui avaient rédige le projet de texte à Hasselt en janvier 1965.

cette commission pontificale ne s'est pas prononcée. On voudrait surtout que la dite commission accélère son travail. Mgr Charue, responsable de la commission pour la culture, était plutôt découragé, parce que, après trois jours, ils n'étaient encore nulle part et que chaque fois on proposait de nouveaux projets, avec leur pour et leur contre. Si on travaille de cette façon, on n'aura pas encore terminé dans cinq ans. Personne n'est capable de rédiger un texte qui soit parfait à tout point de vue. On doit pouvoir se contenter d'un texte convenable, qui reste simple et pratique, autrement les gens ne s'y retrouveront pas. Aujourd'hui, pendant toute la journée, nous avons travaillé, à Rome, à la révision de notre texte, nous basant sur les remarques faites en commission. Nous n'avons pas encore terminé et le travail se poursuivra encore jusque tard dans la nuit, du moins si nous voulons avoir un texte prêt à être présenté demain à Ariccia. Espérons que cela ira. Mais nous avons trop vite concédé quelques déplacements de paragraphes. Maintenant il devient difficile de retrouver une construction logique. Et en cette matière mes collaborateurs ne semblent pas être très forts).

558 4.2.1965 [jeudi], 2 p. (Aujourd'hui nous avons terminé la révision de notre texte, qui a été approuvé à l'unanimité en sous-commission. Nous étions d'ailleurs la première et unique [sous-] commission à avoir déjà terminé son travail. Demain je reste à Rome pour écrire une nouvelle version de la *Relatio* et pour mettre le texte définitif sur stencil. Cela sera prêt samedi midi. Et comme Mgr Dearden a obtenu que le rapport puisse être introduit dès samedi matin et discuté lundi matin, j'essaierai de partir lundi, sans doute tard dans l'après-midi. C'était l'avantage d'avoir préparé un texte en Belgique … Même l'opposition a été raisonnable et on a rendu inoffensif le plus dangereux opposant, un franciscain italien[91], en le faisant nommer secrétaire d'une autre commission[92], où il ne peut faire du mal. Et l'homme du Saint-Office[93], qui aurait pu nous causer quelques ennuis, a été appelé lundi après-midi à Rome pour des affaires très urgentes. Ainsi on a été délivré des deux principaux hommes contrariants. Et avec un paquet de cigarillos j'ai pu amadouer un de mes collègues anglais[94]. Ainsi nous n'avons pas rencontré d'opposition excessive. Si au mois de mars[95] tout se passe aussi bien, nous pourrons pavoiser).

91. E. Lio o.f.m.

92. La sous-commission *De vita oeconomica-sociali*.

93. Il sagit peut-ête du Père J. Visser.

94. J. Petit, cf. G. TURBANTI, *Un Concilio per il mondo moderno*, Bologna, 2000, p. 524, note 115.

95. La commission mixte s'est réunie à Rome du 29 mars au 8 avril 1965.

IVa SESSIO

559 12.9.1965 [dimanche], 1 p. (Les journaux sont remplis de nouvelles au sujet de la nouvelle encyclique[96], dans laquelle – d'après ce qu'ils racontent – le pape aurait condamné certaines hérésies répandues aux Pays-Bas (passe encore), en Belgique et en France (!!!). C'est évidemment pour exciter les esprits à propos du concile. La radio et la télévision belges parlaient des Pays-Bas, de l'Allemagne et de l'Angleterre!!! Vous voyez comme il est difficile de faire du journalisme objectif. Il paraît que, durant les premières semaines, on aura cinq congrégations générales chaque semaine et, dans la suite, seulement quatre, afin de disposer de plus de temps pour le travail des commissions. Mgr Felici n'a rien trouvé de mieux que de proposer pour les jours où les commissions travailleront, de faire visiter Rome et ses environs par les évêques!!! Alors les journaux écriront à bon droit, comme au temps du congrès de Vienne, «le concile s'amuse». Comme si on n'avait rien d'autre à faire. Les cardinaux étrangers, de leur côté, proposeront que, pendant ces journées, les conférences épiscopales se réunissent pour débattre sur la mise en application des décisions du concile. À Rome cette mise en application ne semble pas être la première des préoccupations).

560 15.9.1965 [mercredi], 1 p. (Vous aurez entendu que le discours du pape [lors de la cérémonie d'ouverture] n'était ni très enthousiasmant ni même émouvant. Il n'avait rien de comparable avec le discours d'ouverture de Jean XXIII, qui, en cette occasion, a tenu une allocution magistrale. Le Saint-Père a annoncé l'institution d'un sénat épiscopal, mais qu'il ne convoquera qu'à son gré, tandis qu'il n'a soufflé mot sur la réforme de la curie. Ceci signifie que tout ira bien plus lentement qu'on ne l'avait souhaité. Toutefois l'éventualité d'une réforme radicale des organes directeurs de l'Église n'a pas été exclue. Ce matin les travaux habituels [du concile] ont commencé: la discussion du schéma sur la Liberté religieuse. La liste des cardinaux qui demandent la parole est si longue qu'on aura bien besoin de plusieurs jours pour les faire défiler, et ensuite on devra encore écouter les évêques! On avait pensé à trois jours de débat, mais cela ne suffira pas[97] … Les modérateurs insistent pour qu'on puisse terminer avant la mi-décembre).

561 18.9.1965 [samedi], 2 p. (Les travaux du concile se poursuivent. Le schéma sur la Liberté religieuse connaît des difficultés: le texte a été fortement

---

96. L'encyclique *Mysterium Fidei* du 3 sept. 1965.
97. Les craintes de Mgr Heuschen étaient quelque peu exagérées. Le débat a été conclu en trois jours et demi.

critiqué aujourd'hui[98] même par des personnes dont on n'attendait pas l'opposition. Les votes au sujet du *De Revelatione* ne commenceront que lundi, de sorte que les travaux de notre commission ne débuteront pas avant la fin de la semaine … Je dispose d'une pause et j'en profiterai pour préparer quelques interventions écrites[99]).

562   20.9.1965 [lundi], 2 p. (Au concile il y a de nouveau des difficultés au sujet du schéma sur la Liberté religieuse: aujourd'hui les modérateurs et les présidents décideront s'il y a un vote demain. L'opposition veut éviter le vote, parce qu'elle craint que le texte ne joue contre l'Église en Espagne et en Italie et que les communistes n'en abusent. Par ailleurs, le pape aimerait bien de se rendre à l'ONU, après avoir obtenu un vote favorable sur le schéma. On attendra pour voir qui l'emportera: le pape ou la curie. Même si on empêche le vote, le texte sera encore amendé, mais cela donnera une fois de plus occasion à du grabuge dans la presse. Les mêmes milieux ont – paraît-il – également obtenu que, dans le schéma sur les Juifs, l'expression «ils ne sont pas décidés» ne figure plus (bien que l'idée soit maintenue). Cette suppression provoquera aussi de la bagarre en Israël et dans la presse mondiale. Mais je me fais moins de soucis que l'année passée: je fais les choses de façon plus tranquille et cela vaut mieux).

563   23.9.1965 [jeudi], 2 p. (À nouveau nous sommes occupés à répondre aux *modi*[100]. Mais j'ai pu obtenir que nous ayons des sessions l'avant-midi, donc en même temps que les congrégations générales, auxquelles je n'assisterai pas. Ainsi le matin je peux travailler ici jusqu'à 10h., ce qui me permet de ne pas aller me coucher trop tard. On a apporté beaucoup de *modi*, mais heureusement ce n'est pas comme l'année passée, où il y en avait 20.000. J'aimerais avancer le plus vite possible afin de pouvoir rentrer une semaine à la maison à la deuxième moitié d'octobre).

564   26.9.1965 [dimanche], 2 p. (Le travail avance bien: il y a beaucoup moins de *modi* que la dernière fois et je crois pouvoir terminer, pour le milieu de la semaine prochaine, une première rédaction des textes à l'intention de la commission de travail et, à partir de la fin de la semaine suivante, les textes pourront être discutés en commission. Ainsi pour la mi-octobre les textes pourront être soumis au vote final *in aula*. À ce moment, le plus dur du travail sera terminé pour moi. En effet, en ce qui concerne le schéma

---

98. Lire: hier, c'est-à-dire le 17 septembre. En effet, le 18 il n'y avait pas de congrégation générale.

99. Entre autres, son intervention écrite sur la paix, cf. n° 372.

100. Au sujet du *De Revelatione*.

XIII je ne dois m'occuper que d'un seul chapitre (Mariage et Famille). Mais je crains que la discussion en commission mixte ne soit pas terminée avant le 20 ou le 25 octobre. Je ferai de mon mieux pour terminer le plus tôt possible le travail de notre sous-commission, afin que la discussion de notre texte passe avant celle d'une autre sous-commission. Et je partirai tout de suite après cette discussion. Ce qui est ennuyeux, c'est que nous ne disposerons probablement pas des textes, sur lesquels nous devrons travailler, avant le 9 ou le 10 octobre. Ainsi il sera très difficile d'avoir nos propositions prêtes pour le 18 du même mois. Même dans ce cas, il faudra encore prévoir une petite semaine pour la discussion en commission).

565 29.9.1965 [mercredi], 2 p. (Le travail a bien avancé. Demain matin j'aurai préparé le traitement de tous les *modi* concernant le *De Revelatione*. Cette fois nous avons terminé notre travail en une bonne semaine, tandis que, lors de la session précédente, pour les *modi* concernant le *De Ecclesia*, nous avions pratiquement eu besoin de huit semaines. Je pense qu'en commission, nous pourrons terminer la discussion à la fin de la semaine prochaine. Au début de cette même semaine on apportera les amendements au chapitre «Mariage et Famille» (schéma XIII) et on pourra commencer à les classer et à y répondre[101]. Ainsi cette fois-ci j'aurai au moins un week-end tranquille. … Comme je vous l'ai fait savoir la semaine précédente, le pape, sous la pression de la minorité, avait une fois de plus, l'intention d'intervenir dans le schéma sur la Révélation et de demander qu'on parle d'une façon ou l'autre de la *traditio constitutiva*. Lundi, je suis allé avec Mgr Philips chez le P. Tromp pour lui proposer que nous apportions nous-mêmes quelques modifications au texte, modifications qui pourraient être acceptées et par la minorité et par la majorité. Nous lui avons demandé de communiquer cette suggestion au pape, par l'intermédiaire du cardinal Ottaviani, et ainsi le pape lui-même ne devra plus intervenir. Tromp était très content de cette proposition qui pourrait éviter de nouvelles disputes et il nous a même donné quelques-uns de ses meilleurs cigares. J'espère qu'en haut on partagera cette vue et que de ce côté on ne nous donnera pas un autre cigare. Cela me serait au fond égal mais je serais néanmoins très heureux d'éviter de nouvelles disputes au concile).

566 2.10.1965 [samedi], 2 p. (Jeudi passé, Mgr De Smedt a été reçu en audience par le pape. Le pape lui-même a abordé la question du diocèse de Limbourg. Il a demandé quelques informations à Mgr De Smedt et il a déclaré, en fin de conversation, que, pour lui, le problème était mûr pour une solution.

---

101. Ici il s'agit non pas de *modi*, mais bien des interventions des Pères *in aula*.

Harmel[102] vient à Rome autour du 10. Je suis certain que cette question sera un sujet de conversation. L'unique difficulté c'est que Harmel essaiera de lier le problème du diocèse à la solution des problèmes des Fourons et à l'amélioration des relations entre Liégeois et Limbourgeois. Heureusement que le gouverneur[103] a pris clairement position et ne s'est pas laissé faire. Hier Mgr De Smedt a écrit à Bertrand[104] pour le mettre au courant des paroles du pape et lui demander d'insister auprès de Harmel. En commission, notre tentative pour faire passer sans discussion le texte, dont je vous avais parlé, n'a pas eu beaucoup de succès. Avant même que Mgr Philips puisse le présenter, Mgr Parente, du Saint-Office, demanda la parole et remit sur le tapis la discussion sur les deux sources de la Révélation, l'Écriture et la Tradition (la seconde serait différente de la première et contiendrait un certain nombre de vérités qui ne se trouvent pas dans la première). Alors une discussion longue et âpre s'est déroulée et le tout se termina par un vote qui rejetait le texte de Mgr Parente, mais en même temps le nôtre. Je m'attends dès lors à ce que le pape intervienne personnellement et que l'atmosphère du concile soit à nouveau gâchée. Dans ce cas, on se trouvera une fois de plus dans une voie sans issue. Et dire que nous avions si bon espoir de faire passer notre texte sans discussion. Mgr Colombo lui-même a concédé que l'intervention de Mgr Parente avait gâché l'affaire et que même les gens du Saint-Office ne possèdent pas le monopole de la sagesse[105]. Vous voyez que les soucis ne nous manquent pas).

567 5.10.1965 [mardi], 2 p. (Ici on a malgré tout réussi à faire passer un texte qui rencontre en partie les aspirations de la minorité et qui a été accepté par la majorité, toutefois non sans une certaine opposition et mécontentement. J'espère que de cette façon on pourra prévenir une intervention du pape … Les Pères sont fatigués et n'ont plus qu'un seul souhait: en finir le plus tôt possible. S'ils se laissent guider par ce souhait lors de l'introduction de leurs *modi* (et donc en présentent le moins possible), il y aura encore moyen de terminer plus tôt que prévu. En tout cas, à partir de jeudi prochain, on répartira le travail du schéma XIII entre les différentes sous-commissions).

568 9.10.1965 [samedi], 2 p. ([Heuschen a eu des troubles gastro-intestinaux pendant quelques jours] Mercredi après-midi je me suis quand même rendu

---

102. P. Harmel, premier ministre de la Belgique à l'époque.
103. L. Roppe, gouverneur de la province du Limbourg.
104. A. Bertrand, ministre belge.
105. Mgr Parente était assesseur du Saint-Office.

à la commission parce que toutes les voix étaient nécessaires; jeudi matin j'ai travaillé un peu avec Mgr Philips … De même vendredi matin, je suis resté à la maison pour travailler avec le chan. Heylen pour la sous-commission sur le Mariage et la Famille. Plus nous serons avancés dans le travail de cette sous-commission, et plus rapidement ce chapitre pourra être présenté à la commission mixte. De ceci dépend la date de ma rentrée [en Belgique]. Ce matin, nous avons encore une ultime réunion de la commission doctrinale au sujet du schéma sur la Révélation. On a souvent eu des discussions très vives [sur ce schéma] et finalement le texte, qu'on avait accepté lundi, a de nouveau été rejeté mercredi, sous la pression des gens du Saint-Office. Je crains que ce ne soit une manœuvre de leur part pour pouvoir dire au pape: «Vous voyez bien que dans le texte il ne se trouve rien qui puisse nous donner satisfaction, vous ne pouvez pas le laisser passer tel quel». S'ils veulent, une fois de plus, mettre de la sorte le pape en cause, c'est leur responsabilité. Nous avons fait l'impossible pour éviter une telle situation et pour couvrir la couronne. De plus nous risquons d'être mal jugés par un certain nombre des gens de la majorité parce que nous avons cherché une formule qui pourrait partiellement venir à la rencontre de la minorité. Vous voyez qu'il n'est pas facile de donner satisfaction à tout le monde. Par ailleurs, je m'en fais moins que dans le passé: nous avons fait notre possible et agi selon notre conscience; le reste, c'est le Seigneur qui doit s'en occuper. J'ai répété cela à Mgr Philips, qui plus d'une fois a dû entendre toutes sortes de critiques, venant aussi bien de la majorité que de la minorité).

569   12.10.1965 [mardi], 2 p. (Samedi soir après 9h., Mgr De Keyzer d'abord et Mgr Himmer ensuite sont venus me chercher pour me demander de mettre en latin quelques phrases qu'ils ne savaient pas bien traduire … Cette semaine je ne me rendrai pas à l'*aula* pour travailler tranquillement ici à la rédaction [du texte] et à la relation de notre sous-commission sur le Mariage et la Famille … Nous sommes la première des 12 sous-commissions[106] qui est prête à présenter son texte et nous sommes les premiers à pouvoir commencer la discussion en sous-commission[107], malgré le fait que les autres sous-commissions avaient beaucoup moins d'amendements à traiter. Il semble que les Français disent de nous – en faisant allusion à Mgr Philips et à votre serviteur – : «Quand les locomotives du Limbourg se mettent en marche, elles roulent jour et nuit». Personnellement je crois que

---

106. Probablement Mgr Heuschen se trompe: il n'y avait que dix sous-commissions.
107. Il s'agit probablement de la «commission mixte».

nous avançons plus vite que les autres parce que nous travaillons avec méthode et faisons équipe avec nos experts et *periti*. Quoi qu'il en soit, je fais de mon mieux pour terminer le plus vite possible le texte sur le Mariage et la Famille et puis je m'arrête. Je ne me laisserai pas embrigader dans une autre commission pour y faire encore le travail des autres. Éventuellement je veux aider encore un peu Mgr Philips. Si les autres sous-commissions travaillaient comme la nôtre, on pourrait avoir terminé le tout pour le 8 décembre. Mais malheureusement ces gens veulent chaque fois changer à nouveau le texte; tout le monde veut y introduire ses propres idées et les présidents des différentes sous-commissions ne disposent pas d'autorité suffisante pour maintenir les *periti* dans la bonne voie. Pour samedi, nous serons prêts à présenter notre texte et la *relatio* (c'est à dire la justification des changements). Mgr Philips continue à insister pour que ce texte soit de suite discuté en commission mixte, et ceci à partir de lundi ou mardi de la semaine prochaine. S'il obtient gain de cause, je pourrais partir le mercredi ou le jeudi de cette semaine. S'il n'y réussit pas, notre texte devra être discuté à son tour normal – nous n'occupons que la 6ème position – et je ne retournerai que samedi...).

570   15.10.1965 [vendredi], 2 p. (J'ai dû prendre une autre machine à écrire, parce que dans la mienne se trouve un stencil que je ne puis terminer (en effet, je ne suis pas sûr de quelques expressions et je ne sais pas atteindre Mgr Philips à ce moment) ... Demain samedi notre texte sera prêt, mais nous hésitons à laisser s'engager la discussion sur notre texte, nous craignons en effet qu'il soit fortement combattu par les Italiens et nous ne voulons pas leur laisser trop de temps pour des querelles ... Nous nous attendons encore à des journées difficiles, parce que le pape a laissé entendre qu'il interviendrait sur la Révélation, et par ailleurs il souhaite que notre texte sur le mariage donne des directives concrètes, parce que la commission pontificale, qui a travaillé pendant trois années sur ce problème, n'est pas encore prête. Comment pourrions-nous, en un tournemain, trouver ces formules magiques! De même nous avons rencontré beaucoup de difficultés au sein de la commission[108] pour le Mariage, parce qu'on nous a envoyé quelques *periti*, qui n'avaient même pas lu le texte et qui demandaient des explications au sujet de chaque mot en se donnant des grands airs. Ce qu'on apprend certainement ici, c'est avoir de la patience).

---

108. En fait, la sous-commission.

571 4.11.1965 [jeudi], 2 p. (Aujourd'hui j'ai attendu jusqu'à 4 h. avant d'aller frapper chez Mgr Philips afin de respecter son repos[109]. Il avait plus mauvaise mine que je ne m'y attendais: il s'est malgré tout occupé encore pendant quelques jours des textes, tout en demeurant dans son bureau au collège belge, mais il a payé cet effort et il en porte les traces. Il est absolument nécessaire qu'il parte le plus vite possible, parce que, s'il reste ici, il continuera à s'occuper des affaires et cela ne lui fait pas de bien. Il a bien reçu un mot de remerciement du pape, mais la lettre était rédigée par un secrétaire et signée par le Saint-Père. Je suis d'avis que dans ces circonstances le Pape aurait pu lui écrire un mot personnel. Une fois de plus on constate comme il est peu au courant de la marche réelle des affaires. Le cardinal Ottaviani n'a pas donné signe de vie, tandis que le P. Tromp est venu rendre visite à Monseigneur … [On n'avait pas réglé une audience chez le pape pour le gouverneur Roppe, malgré la promesse du nonce [S. Oddi]. Heuschen réussit cependant à obtenir cette audience]. Ceci donne l'impression qu'on ne peut avoir grande confiance dans le nonce. Je me demande même si on ne veut pas éviter à dessein que le gouverneur puisse parler au pape car, dans ce cas on parlera de la question du diocèse [de Hasselt]. Or, comme je l'ai appris de bonne source, le nonce a fait savoir qu'il ne faut pas soulever cette question aussi longtemps que l'affaire des communes des Fourons n'est pas résolue[110]. Et dire que ce même homme dit au gouverneur que tout est déjà réglé et qu'il a insisté auprès de Harmel pour régler la question le plus vite possible. Vous voyez comme les diplomates sont peu fiables. Et vous voyez également à quel point Harmel fait l'impossible pour rattacher à nouveau les Fourons à Liège et de lier ainsi une question pastorale à une affaire politique. Et pourtant ce même personnage vient chanter sur tous les tons que l'Église doit prendre ses distances de la politique et qu'on doit éviter soigneusement de mêler l'Église à la politique. Patientons. D'ailleurs il ne servirait à rien de jeter ces choses dans le public, parce que, dans ce cas, aussi bien du côté flamand que du côté wallon, on exercerait des pressions continuelles sur les autorités ecclésiastiques pour les imbriquer dans une question politique. Le nonce avait insisté pour ériger également un diocèse du Luxembourg, mais Mgr Charue n'en veut d'aucune manière[111]. On essaierait aussi de faire de Charleroi un diocèse pour

109. Le 25 octobre Mgr Philips avait été frappé d'une crise cardiaque. Le médecin lui avait ordonné un repos complet avant de pouvoir entreprendre le voyage de retour en train pour la Belgique.
110. Pour cette question, cf. Journal Prignon, p. 185.
111. Pour l'opposition de Mgr Charue, cf. Journal Prignon, p. 36.

garder l'équilibre entre les diocèses flamands et wallons[112]. Si on demande l'opinion des gens sur place, personne n'y est intéressé. Mais il y a uniquement quelques professeurs wallons de Louvain qui lancent cette idée, et, à Bruxelles comme auprès du premier ministre, ils sont plus influents que tous les Flamands réunis. Ce sont là des situations belges).

572 7.11.1965 [dimanche], 2 p. (Tout à l'heure nous avons accompagné Mgr Philips au train. C'était un adieu plutôt pénible: Mgr Philips était très émotionné et semblait partir avec la conviction qu'il ne retournerait plus jamais à Rome. Le médecin spécialiste d'ici était fort optimiste: le résultat de son examen était plus que satisfaisant. Je pense que Monseigneur a surtout eu un coup moral. En outre, le fait que les Français ne l'ont plus consulté pour la rédaction du texte[113] l'a grièvement blessé. Je pense cependant qu'ils n'osaient plus le déranger et j'ai moi-même constaté en corrigeant les épreuves aujourd'hui, que Monseigneur ne suivait plus bien les affaires et qu'il faisait des fautes – ou les laissait dans le texte –, ce qui autrefois ne lui était jamais arrivé. Sous cet aspect, il était bon que je sois rentré à temps; d'ailleurs on m'a déjà demandé de convoquer les 12 sous-commissions[114] qui sont chargées de répondre aux *modi* et de leur expliquer, en nous basant sur notre expérience, comment procéder si on veut terminer, de façon expéditive, le texte[115]. Aujourd'hui, j'ai corrigé trois des cinq chapitres de la 2e partie du schéma. Malheureusement la rédaction de la 1e partie n'est pas encore prête. Ainsi je crains que l'ensemble ne soit pas imprimé avant lundi en huit, ce qui nous ne donnera qu'une petite quinzaine de jours pour le traitement des *modi*. Cela signifie que les dernières semaines seront très chargées, mais nous ne sommes pas encore là ... J'ai quand même pu régler une audience pour le gouverneur ... Le pape lui a fait comprendre qu'il y aura bientôt de bonnes nouvelles pour la province du Limbourg, mais ceci ne signifie pas grand-chose: «bientôt» est une notion élastique et le pape est lui aussi un bon diplomate[116]. Moi-même je ne suis pas tellement pressé:

112. Jusqu'en 1961 il y avait en Belgique six diocèses: l'archidiocèse bilingue de Malines, deux diocèses wallons (Namur et Tournai), un diocèse trilingue (Liège avec les provinces de Liège et de Limbourg, et les cantons d'Eupen-Malmédy allemand), deux diocèses flamands: Gand et Bruges (mais Bruges comprenait aussi l'arrondissement francophone de Mouscron-Comines). En 1962 le nouveau diocèse flamand d'Anvers avait été érigé. L'érection du diocèse Hasselt accentuera encore le déséquilibre entre le nombre des diocèses wallons et flamands.

113. Du schéma XIII.

114. En fait, dix.

115. Pour ce texte, cf. n° 327.

116. En fait le diocèse de Hasselt ne sera érigé que le 31.5.1967.

pour le moment j'ai plus qu'assez de travail pour le concile et ensuite je voudrais en premier lieu prendre quelques semaines de repos).

573 10.11.1965 [mercredi], 2 p. (Je viens de téléphoner à Louvain pour avoir des nouvelles de Mgr Philips. Sa sœur m'a dit en pleurant qu'on avait fait rentrer Mgr à la clinique aujourd'hui. Le voyage s'était pourtant bien passé et il avait pu dormir dans le train de 10h. à 7h. En arrivant à la maison son médecin généraliste l'a examiné et a constaté que la pression du sang n'était pas mauvaise. Dès lors le mardi il a célébré la messe pour les parlementaires, distribué la communion et prêché dans les deux langues[117]. Cet effort aura probablement été beaucoup trop lourd, parce que l'électrocardiogramme de ce matin indiquait que sa condition s'était notablement aggravée depuis le deuxième électrocardiogramme de Rome. Ainsi le professeur lui a ordonné de se faire soigner tout de suite par des spécialistes. La sœur de Monseigneur était fort choquée parce qu'elle a rencontré des difficultés à le faire accepter en clinique: tout était rempli à l'hôpital du Capucienenvoer[118]. Espérons maintenant qu'une cure adaptée puisse prévenir le grand danger d'un infarctus. Mais je ne suis pas étonné de ces nouvelles alarmantes parce que j'avais bien constaté, ces derniers jours, que Monseigneur ne supportait plus aucun effort, même s'il ne voulait pas le reconnaître).

574 13.11.1965 [samedi], 2 p. (Hier j'ai encore téléphoné à Louvain et la sœur de Mgr Philips m'a dit que la situation de son frère était très sérieuse: le médecin lui a déclaré que, mercredi passé, Monseigneur aurait pu succomber, parce qu'il avait fait un début d'infarctus. Il doit garder le lit pendant quelques semaines à la clinique, où il est soigné. C'était quand même une folie, après le voyage fatiguant en train, d'avoir encore voulu se rendre à Bruxelles pour y célébrer la messe pour les parlementaires … J'avais pourtant essayé de le faire changer d'idée, mais j'avais l'impression que même sa sœur ne se rendait pas compte de la gravité de la situation. Elle faisait presque comme si son frère se laissait aller et comme si elle lui en voulait. Dommage que la sanction [de ces imprudences] ait été si dure et se soit produite à un moment où on aurait pu si bien employer Mgr Philips à Rome. Il aurait très bien pu, après le concile, prendre la direction du Saint-Office ou de la Congrégation pour les Séminaires et Universités. Je doute fort que cela puisse encore se réaliser maintenant. Il est probable que Mgr Onclin restera ici parce qu'on veut absolument qu'il s'engage à la commission pour

117. À la rentrée de l'année parlementaire, Mgr Philips, qui était sénateur, avait l'habitude de célébrer la messe du Saint-Esprit pour les parlementaires catholiques.
118. Nom de la rue, où se trouvait l'hôpital universitaire Saint-Raphaël à Louvain.

la révision du Droit canon. Et on raconte, quoique cela ne me réjouisse pas tellement, que notre nonce belge au Portugal, Mgr de Furstenberg, serait un des candidats pour la succession du cardinal Cicognani à la Secrétaire-rie d'État. Il n'a cepenant pas l'envergure d'un Mgr Pignedoli ou d'un Mgr Dell'Acqua … Tout à l'heure j'ai reçu la visite du Père de Riedmatten, de la commission pontificale pour la natalité, qui, à titre informatif, m'a communiqué que le pape voulait que les membres de la commission pontificale participent aux travaux de la commission conciliaire. Et il me laissa entendre que le pape préférait ne pas parler maintenant, mais espérait que le concile prenne position.

Pendant 6 mois[119] on avait demandé cette collaboration et toujours on l'avait refusée. Maintenant, au moment où le texte est pratiquement prêt et que seuls les Pères ont encore le droit d'introduire des *modi*, on nous impose les membres de cette commission, dont seulement deux membres sont évêques. Selon le règlement les membres de la commission pontificale n'ont pas droit de vote. Je l'ai fait remarquer au P. de Riedmatten et je lui ai également dit que le règlement ne permettait pas de mettre à nouveau en discussion les questions qui avaient déjà obtenu une majorité des 2/3 *in aula*. Si le pape lui-même veut changer le texte, qu'il le fasse mais alors sous sa propre responsabilité. Une fois de plus nous allons vers une semaine difficile. D'autant plus qu'on m'a demandé de prendre, pour les deux commissions[120], la direction de la ventilation des *modi*, ceci en remplacement de Mgr Philips. Hier j'ai expliqué mon plan de travail aux évêques, présidents des sous-commissions, et ils ont donné leur approbation. Ce matin le secrétariat du concile a marqué son accord et demain je discuterai de ce plan de travail avec les secrétaires des 10 sous-commissions. S'ils observent mon timing on pourra être prêt avant vendredi en huit, malgré le fait qu'une masse de *modi* nous attend (Mgr Felici fait le pronostic de 30.000!!!).

575 17.11.1965 [mercredi], 2 p. (Une fois de plus nous sommes inondés de travail et c'est vraiment la course contre la montre. Jusqu'ici les *periti* collaborent bien. Ainsi on a pu respecter notre timing. On m'a demandé de faire aussi pour la prochaine semaine un plan de travail, parce qu'avec des présidents du genre Cento ou Browne, c'est à désespérer. J'attendrai de disposer d'un aperçu de l'ensemble des *modi* pour rédiger ce timing, en espérant que la commission mixte suive. Jusqu'ici on me laisse faire et on

119. Déjà en février 1965, la sous-commission avait demandé la collaboration de la commission pontificale, cf. F. Heylen, n° 15 et lettre de Heuschen à Verjans, 3.2.1965, n° 557.

120. Probablement Heuschen parle de la commission mixte, qui était constituée par les membres de la commission doctrinale et de la commission pour l'Apostolat des laïcs.

me procure toutes les facilités que je demande. Si cela continue ainsi on s'en tirera. Les votes *in aula* ont été jusqu'ici très favorables: chaque fois on a obtenu une majorité des 2/3, de sorte que la substance du texte est fixée. Je crains cependant que concernant le dernier chapitre au sujet de «la guerre et la paix», il y aura des difficultés, parce qu'on a apporté trop de changements au texte. Je ne comprends pas comment Mgr Charue, qui siège pourtant dans la commission centrale et connaît le règlement du concile, a pu permettre ces changements. Mais ce qui est fait est fait. Que le Saint-Esprit souffle avec force pour que les Pères ne nous mettent pas devant un travail désespérant ... Les autres évêques viennent de rentrer de l'*aula*. Je leur ai demandé tout de suite le résultat du vote sur «la guerre et la paix», mais le résultat n'avait pas encore été communiqué. Nous devons donc patienter encore un peu mais tout le monde était malgré tout d'avis que beaucoup de Pères étaient mécontents et avaient voté «contre» ou bien *iuxta modum*. Entre temps j'ai déjà rédigé quelques numéros du texte sur le mariage en vue de la discussion des *modi*. Tout à l'heure j'en attends encore une charretée; ce qui nous donnera beaucoup de travail pour cet après-midi).

576 23.11.1965 [mardi], 1 p. (J'ai terminé mon travail – le texte sur le mariage – ... Nous avons été très occupés, mais, grâce à Dieu, nous sommes parvenus au terme à un rythme que personne ne croyait possible. À la commission elle-même, on avance moins vite: il y a toujours des gens qui ne peuvent s'arrêter de discuter et de chicaner sur tous les détails. Cela a tellement causé d'énervement que le card. Ottaviani a décidé que, désormais on n'examinerait que les *modi* qui en valent la peine et que pour le reste on ferait confiance aux commissions respectives. J'avais déjà fait cette proposition samedi, mais alors personne ne voulait rien savoir. Maintenant qu'on voit bien qu'il est impossible de terminer avant samedi, le bon sens a finalement repris le dessus ... Mgr De Smedt vient de partir en Belgique en avion pour prendre du repos pendant une semaine. Hier, les évêques belges ont été reçus par le pape: j'étais absent parce que le jour et l'heure ont été communiqués *in aula* vendredi passé, tandis que je travaillais au collège et personne n'a pensé de m'avertir de cette audience. Enfin, je n'ai pas perdu grand-chose).

577 27.11.1965 [samedi], 1 p. (Nous avons encore connu des journées mouvementées. Le Saint-Père est à nouveau intervenu, cette fois au sujet du texte sur le mariage, et d'une façon qui – d'un point de vue juridique – est plus grave que les interventions précédentes. Jusqu'à présent, en effet, le concile pouvait discuter librement tous les problèmes. Mais maintenant le pape s'est réservé certaines questions, qui doivent être examinées par la commission pontificale. Et en outre, on a introduit un *modus* qui affirmait

nettement que la doctrine de *Casti Connubii* restait inchangée. Or, le pape lui-même avait déclaré en juin de l'année passée, que, compte tenu de l'état de l'examen scientifique, un certain nombre de questions concernant le mariage étaient devenues moins claires et exigeaient un examen ultérieur. Aussi longtemps que cet examen est en cours, nous n'avons pas le droit de dire sans plus que *Casti Connubii* reste inchangé, d'autant plus que la commission pontificale n'a pas terminé son examen (elle doit en effet, bien au contraire, se réunir en janvier pour 6 semaines[121]). Eh bien, le Saint-Office, qui veut liquider cette commission, nous demandait d'introduire un texte qui rendrait de fait son travail inutile. Ce texte était présenté comme venant du pape et ne pouvait être débattu. Autrement dit, on demandait à la commission[122], qui au nom des Pères doit rendre un jugement sur les *modi*, de se prononcer sur une question qui n'est pas de sa compétence, alors que c'est le pape lui-même qui prenait position, sans qu'on puisse le dire. Dimanche passé, nous avons appris au cours d'une réunion secrète, qui avait toutefois l'aval du Vatican, où en étaient les travaux de la commission pontificale. On a cependant exigé de nous sous le sceau du serment de garder le secret. Ainsi on vous lie de toute part et on vous contraint de dire des choses qui vont contre votre conscience. Pendant cinq heures nous nous sommes battus contre cette exigence et nous avons rédigé un rapport en ce sens à l'intention du le pape[123]. Nous devons maintenant attendre ce qu'il va décider, mais je puis vous assurer que toutes ces manœuvres mettent les nerfs durement à l'épreuve. Et il est tragique [de noter] que sur les 60 évêques des deux commissions[124], 37 seulement étaient présents à la réunion, et parmi eux un seul cardinal[125] (sur 5). Ce cardinal, qui était de notre bord, n'a cependant pas voulu ouvrir la bouche parce que le cardinal Ottaviani avait dit, au début de la réunion, qu'on pouvait discuter de la forme des *modi* mais pas de leur contenu. Nous l'avons cependant fait: nous avons rejeté la plupart des *modi* et rendu les autres inoffensifs. Le tout est de savoir si le pape acceptera notre réponse ou bien nous obligera à aller plus loin).

---

121. En fait, cette grande réunion de la commission pontificale s'est tenue en mai et juin 1966.

122. Ici il s'agit de la commission conciliaire.

123. Pour cette résolution commune, rédigée par V. Heylen et de Riedmatten, cf. J. GROOTAERS & J. JANS, *La régulation des naissances à Vatican II*, p. 96. Le rapport de la réunion a été rédigé par de Riedmatten et non par Heylen, comme indiqué par erreur dans J. GROOTAERS & J. JANS, *La régulation des naissances à Vatican II*, p. 93-95.

124. La commission mixte pour le schéma XIII était constituée par les membres de la commission doctrinale et de la commission pour l'apostolat des laïcs.

125. Le cardinal P. Léger, archevêque de Montréal.

578 29.11.1965 [lundi], 2 p. (Hier vers midi,[126] j'ai laissé porter mon dernier
texte au pape. Je devais remettre le texte complet avec la *relatio* avant 4h.,
parce que le soir même tout devait partir chez l'imprimeur. Pas de réponse
du Vatican. Ce matin, en réunion, on m'a appelé de la Secrétairerie
d'État. Un des employés me demanda tout d'abord si j'avais reçu hier la lettre de la Secrétairerie d'État. Je dus répondre par la négative et je craignais
qu'on ne soit de mauvaise humeur parce que j'avais malgré tout introduit
les textes, sans attendre une réponse (j'avais signalé dans ma lettre au pape
que je devais remettre les textes à 4h.). Heureusement il s'agissait d'une lettre pour Mgr De Smedt[127] et non pour moi. Ensuite, j'ai été introduit
chez Mgr Dell'Acqua qui vint à ma rencontre les bras ouverts et me féli-
cita pour la façon dont nous avons introduit les *modi* du pape dans le
texte, sans polémiquer contre lui. J'avais également proposé d'introduire
dans le texte une note au sujet de l'intervention du pape, note qui disait
qu'on avait tenu compte de ses conseils et indications. Je tenais à affirmer
ce fait pour qu'il soit clair que nous avions écrit certaines choses com-
mandées d'en haut et qu'on ne pouvait dès lors attribuer au concile ce que
le pape avait exigé. Par ailleurs, de cette façon je pouvais mettre en évidence
qu'il s'agissait seulement de conseils et non pas d'ordres ou de décisions
doctrinales du pape. Mgr Dell'Acqua ajouta que le pape était très recon-
naissant pour cette suggestion et il me dit: «Vous êtes un homme de bon
conseil». J'ai profité de cet éloge pour demander s'il me permettait de faire
encore une autre suggestion: à savoir d'enlever les références à l'encyclique
Casti Connubii. Il répondit que le Saint-Père tenait à ces références. Je
répliquai que je n'y étais pas opposé, mais que certains membres de la commission pontificale seraient apaisés, si on évitait ces références précises. Il
me répondit qu'il y réfléchirait et prendrait contact avec le P. de Riedmatten, le secrétaire de la commission pontificale. Tout à l'heure, celui-ci m'a
téléphoné pour me remercier et me faire savoir qu'il y avait beaucoup de
chances que cette suggestion soit également acceptée. Si nous obtenons
cela, alors tout se passera sans malheurs et nous pourrons mettre un point
final aux semaines les plus agitées et douloureuses du concile. Dieu merci!
Demain nous ne devrons plus que corriger les épreuves – ce qui nous
demandera une journée – et mercredi j'essaierai de dormir et de souffler
un peu. Une chose est certaine: si Mgr Philips avait dû vivre cela, il n'y

126. Par erreur Mgr Heuschen écrit «maandag» (lundi) au lieu de «middag» (midi).
Cl. Troisfontaines a porté le texte vers 12h. chez Mgr Dell'Acqua (cf. Journal Prignon, p. 235).
127. Pour cette lettre de Mgr Dell'Acqua à Mgr De Smedt avec une lettre de Mgr Staffa,
cf. F. De Smedt 1678-1679.

aurait pas survécu ... Les textes seront votés samedi et lundi et proclamé le mercredi: donc jusqu'à mercredi je ne serai pas encore tout à fait tranquille).

579 30.11.1965 [mardi], 2 p. (En interrompant pour une demi-heure la correction des épreuves je vous réponds quelques mots).

580 3.12.1965 [vendredi], 2 p. (Je viens de rapporter, dans une lettre à ma sœur, que j'ai conduit ce matin un de nos *periti*, le chan. Delhaye à l'aéroport. Ce dernier avait été appelé à la maison parce que son père de 75 ans avait eu un infarctus. Cela me rappelait d'autres voyages de retour[128]. En revenant de l'aéroport, nouvelle alerte. Je devais me rendre d'urgence chez Mgr Garrone, le rapporteur principal du schéma, afin de l'aider à rédiger une réponse à un nouveau *modus*, venant d'en haut, au sujet du texte sur le mariage. J'ai pu convaincre Mgr Garrone de ne pas céder et de s'en tenir aux éléments de réponse que j'avais notés[129]. Il avait reçu l'ordre de ne consulter que moi-même et Mgr Dearden et nous devions garder le secret le plus absolu. Quand je rentrais [au collège], je voyais sur tous les visages l'envie de savoir ce qui était arrivé (et au plus haut point sur celui du cardinal [Suenens]) mais j'ai été muet comme un tombeau. Le comble a été que plus tard, lors d'une conversation à table, le cardinal a demandé – en présence de quelques *periti* – s'il n'était pas possible d'ajouter quelque chose en catimini au texte de la note 14[130]. J'ai répondu que nous avions toujours protesté – et avec raison – contre de telles manœuvres quand elles venaient des autres et que je ne voulais pas faire la même chose. Mais qu'un cardinal ose proposer une pareille chose!!! J'ai l'impression que tout le monde est un peu surexcité. Il faut ajouter que les Américains envoient maintenant, non sans raison, une lettre de protestation contre le texte sur «la guerre et la paix» en disant qu'ils sont blessés par certains passages. Objectivement parlant ils ont en partie raison: le texte en question manque de nuances et est typiquement français. Je me demande bien ce qui arrivera demain et lundi prochain).

581 s. d., 1 p. (carte de vue avec la photo de Paul VI: un dernier souvenir de Rome et du concile).

---

128. Mgr Heuschen fait probablement allusion à son voyage de retour en juin 1964, quand sa mère était mourante.

129. Pour ce *modus*, cf. Journal Prignon, p. 255-256.

130. Selon le «Journal conciliaire» de Mgr Heuschen, il s'agissait de citer également le discours de Paul VI adressé à la commission pontificale, probablement le discours du 27 mars 1965, cf.. *A. A. S.*, t. 57, 1965, p. 388-390 et J. GROOTAERS & J. JANS, *La régulation des naissances à Vatican II*, p. 271.

INVENTAIRE DES PAPIERS CONCILIAIRES
DU PROFESSEUR V. HEYLEN

NOTE SUR LES ARCHIVES CONCILIAIRES
DU PROFESSEUR V. HEYLEN

1. Le Professeur Heylen[1] et le Concile Vatican II[2]

L'activité conciliaire du Prof. Heylen fut brève mais intense. En effet il n'a été vraiment engagé dans le concile que de décembre 1964 à décembre 1965. De plus sa collaboration a pratiquement été limitée à la rédaction du chapitre concernant le mariage et la famille de la constitution *Gaudium et Spes*. Cependant, il faut noter que l'apport de Heuschen et de Heylen à ce chapitre a été décisif et on sait que ce texte a profondément renouvelé l'approche théologique du mariage et qu'il a été l'objet de débats passionnés, surtout lors des dernières semaines de Vatican II.

*

1. Victor Léonard Heylen est né à Rijkevorsel le 11.10.1906. Après des études secondaires au Collège St Joseph des Pères Jésuites à Turnhout (de 1919 à 1925), il fait de 1925 à 1930 des études de philosophie et de théologie au Grand Séminaire de Malines, où il est ordonné prêtre le 26.12.1930. De 1930 à 1934, il suit les cours à la Faculté de Théologie de l'Université Catholique de Louvain, où il devient docteur en théologie en 1935 avec une thèse sur *Les métaphores et les métonymies dans les épîtres pauliniennes*, élaborée sous la direction du professeur L. Cerfaux. Après avoir travaillé pendant deux ans comme vicaire à Anderlecht, il devient professeur de théologie morale au Grand Séminaire de Malines de 1936 à 1945. De 1945 à 1961, il est aumônier général de l'Alliance nationale des Mutualités chrétiennes de Belgique, ce qui l'amène à donner des cours aux écoles sociales catholiques de Bruxelles, Heverlee, Gand et Anvers. À partir de 1956, il donne l'enseignement de la morale à l'Institut Supérieur de Sciences religieuses à l'Université de Louvain, et, en 1961, il devient professeur ordinaire de la Faculté de Théologie de l'Université de Louvain. Il est également professeur (à partir de 1947) et recteur pendant 6 ans (à partir de 1967) de la «Katholieke Hogeschool voor Vrouwen» à Anvers. En 1977 il accède à l'éméritat. Il est décédé à Herent le 19.4.1981 (cf. R. AUBERT, *Heylen Victor*, dans *Dictionnaire d'Histoire et de Géographie ecclésiastique*, t. 24, 1993, col. 357-359).
2. Pour le rôle de Heylen au concile, nous avons consulté: G. POIER, *Il Matrimonio e la Famiglia nel Capitolo I° – Parte IIa della Costituzione pastorale «Gaudium et Spes»*, Louvain, 1970 (thèse de doctorat dirigée par V. Heylen, non publiée); J. GROOTAERS, *De spanningen rond het huwelijkshoofdstuk van «Gaudium et Spes» en het aandeel van prof. V. Heylen in het redactiewerk daarvan*, dans *Ethische vragen voor onze tijd. Hulde aan Mgr Victor Heylen*, Antwerpen-Amsterdam, 1977, p. 155-177; J. GROOTAERS, *Des amendements de Paul VI qui traitent de la doctrine du mariage* dans Id., *Actes et Acteurs à Vatican II*, Leuven, 1998, p. 223-250; M. LAMBERIGTS & L. DECLERCK, *Le texte de Hasselt. Une étape méconnue de l'histoire du De Matrimonio (schéma XIII)*, dans *ETL* 80 (2004) 485-504.

En parcourant rapidement le *curriculum vitae* de V. Heylen, on peut constater qu'il a été très bien préparé pour jouer un rôle dans la constitution de *Gaudium et Spes* marquée par une nouvelle approche des relations de l'Église avec le monde de ce temps:

1. Pendant neuf ans (1936-1945) il a été professeur de théologie morale au Grand Séminaire de Malines où il enseignait le traité au sujet du mariage et le *De Iustitia*. Plusieurs publications témoignent de cet enseignement[3].

2. En 1945, immédiatement après la guerre, V. Heylen est nommé aumônier général de l'Alliance nationale des Mutualités chrétiennes de Belgique; il fait ainsi partie d'un important mouvement du catholicisme social, dirigé par des laïcs chrétiens, où il est confronté avec tous les problèmes de l'éthique médicale et où il s'est engagé dans une action pour plus de justice sociale. De nombreux contacts en résultent tant avec le monde politique qu'avec le monde médical et plusieurs voyages au Congo «belge» et en Amérique latine le sensibilisent aux problèmes du développement du Tiers Monde.

Par sa fonction dans les Mutualités chrétiennes, Heylen a appris à travailler en équipe sous la direction de laïcs chrétiens responsables et autonomes. Comme prêtre, il était ouvert à l'apostolat des laïcs, sans aucun cléricalisme.

Le fait significatif qu'en novembre 1955, l'Université catholique de Nimègue lui propose la chaire de théologie morale, prouve que l'aumônier Heylen n'avait négligé ni l'étude ni le travail scientifique. Et la constatation qu'il a dû refuser cette promotion honorable, sur ordre de son évêque le Cardinal Van Roey, démontre l'importance que l'épiscopat belge attachait à son rôle dans les Mutualités chrétiennes[4].

3. En 1956, quand il approche déjà de la cinquantaine, Heylen commence une carrière académique à l'Université de Louvain, où il est nommé professeur ordinaire en 1961. En 1963 il donne un cycle de conférences aux universités de Buenos Aires et de Cordoba (Argentine). Il participe activement aux Colloques de sexologie de l'Université catholique de Louvain, promus par le cardinal Suenens en 1965, 1966, 1968, 1969, 1970, 1971, 1973[5]. On peut conclure qu'aussi bien par ses cours que par ses publications Heylen

3. Cf. *Tractatus de Matrimonio*, 1937 et 1945, *De Jure et Justitia*, 1943 et 1950, *De Poenitentia*, 1946, et *De Indulgentiis*, 1948.

4. Cf. Lettre de W. Grossouw à Heylen, 30.11.1955; Lettre du Card. Van Roey à Heylen, 12.12.1955; Lettre de Heylen à Grossouw, 13.12.1955 (Archives Heylen, CCVII, Leuven).

5. Cf. F. Suenens B. C. et H. V. 972, 983, 1090, 1091, 1092, 1142, 1149, 1183, 1184, 1190,1191, 1228, 1249, 1250, 1260, 1266, 1267,1289, 1356.

a acquis des compétences dans presque tous les domaines qui seront mis à l'ordre du jour lors des débats du schéma XIII.

*

Signalons d'abord quelques interventions de Heylen dans le concile en dehors de son travail rédactionnel du chapitre *De Matrimonio et Familia* de *Gaudium et Spes*:

1. Le cardinal Suenens, qui était d'ailleurs son évêque, fait plusieurs fois appel à lui[6].

Pendant la 1e intersession, Heylen rédige des remarques (4 p.) au sujet du texte *De Matrimonio*[7].

En mars 1965, Suenens fait appel à Heylen pour rédiger un texte de déclaration au sujet de la régulation des naissances destiné au pape Paul VI[8].

Après son audience chez le pape, le 18.10.1965, Suenens demande à plusieurs théologiens, dont Heylen, de lui rédiger un projet de déclaration que le pape pourrait faire au sujet du Birth Control[9].

Et quand, début novembre 1965, le concile entame une discussion sur les indulgences, il n'y a rien d'étonnant que Suenens s'adresse à Heylen, auteur d'un traité *De Indulgentiis,* pour faire le texte de base que Suenens enverra au nom de la conférence épiscopale belge[10].

2. Mgr De Smedt, évêque de Bruges, se souvient également de son ancien collègue au Grand Séminaire de Malines, et fait appel aux services de Heylen.

Le 20 et le 22 avril 1963 Heylen écrit deux lettres à De Smedt, qui avait sollicité son avis, et lui envoie sa note *De Matrimonio. Animadversiones*[11].

À la fin du mois de septembre 1965, quand, pour la 4e fois, le texte sur la Liberté religieuse est soumis à révision, De Smedt fait appel à Heylen, déjà présent à Rome pour le schéma XIII, et le fait coopter parmi les théologiens rédacteurs du schéma. Heylen fut spécialement chargé de la question

6. Si Heylen a toujours collaboré loyalement avec le cardinal, il n'en garde pas moins son esprit critique. Par ex. il n'a guère apprécié l'intervention *in aula* du cardinal sur le mariage le 29.9.1965 et donne comme seul commentaire: «Pas sensationnel» (Lettre de Heylen à Houssiau, 26.9.1965, cf. J. GROOTAERS & J. JANS, *La régulation des naissances à Vatican II: une semaine de crise*, Leuven – Paris – Sterling, VA, 2002, p. 260).

7. Cf. FConc. Suenens 133, où le document est classé par erreur dans la période préconciliaire (cf. F. De Smedt 822-823).

8. Cf. n° 22-27; FConc. Suenens 2452-2453; F. Suenens B. C. et H. V. 306-309.

9. Cf. n° 73-77; FConc. Suenens 2503-2504, 2671; Journal Prignon, p. 175-177, 186-187, 198.

10. Cf. FConc. Suenens 2695-2698.

11. Cf. F. De Smedt 822, 823, 825.

des rapports avec l'État, de l'ordre public et des limites de la liberté religieuse[12].

3. En plus on constate que V. Heylen a collaboré avec G. Philips, lors de la réunion de la commission mixte du 29 mars au 7 avril 1965. On trouve des notes de Heylen au sujet des chapitres *De cultura, De vita oeconomico-sociali, De vita politica, De communitate gentium et pace*[13].

*

Cependant, la contribution essentielle de Heylen au concile se rapporte au chapitre *De Matrimonio et Familia* du schéma XIII.

Quand, en décembre 1964, Mgr Heuschen prend l'initiative pour récrire le texte sur le mariage et cela avant la réunion d'Ariccia, prévue pour février 1965, il fait tout de suite appel à Delhaye et à Heylen. Le 24 décembre 1964, Heylen remercie Heuschen pour la confiance que celui-ci lui a témoignée et le 30.12.1964, il envoie des suggestions pour le nouveau texte[14]. Du 11 au 14 janvier 1965, un groupe d'experts (Heylen, Delhaye, Schillebeeckx, van Leeuwen et Prignon) se réunit à Hasselt chez Heuschen et compose le nouveau texte *De Matrimonio* qui sera présenté à Ariccia.

C'est probablement Mgr Heuschen qui a demandé à Mgr Guano, président de la sous-commission centrale, de faire inviter Heylen à Ariccia, bien que Heylen ne fût pas *peritus* officiel du concile[15]. Le 5.1.1965, Guano convoque Heylen à la réunion d'Ariccia[16].

L'apport de Heylen au texte de Hasselt est surtout attesté par les archives Heuschen[17]. Début février, Heylen participe à la réunion de la

---

12. Pour le rôle de Heylen dans *Dignitatis humanae*, cf. Journal Prignon, p. 85, 94 et S. SCATENA, *La Fatica della Libertà*, Bologna, 2003, p. 507-509, 511. On ne trouve pas des documents de Heylen à ce sujet dans ses propres archives conciliaires, mais bien dans le F. De Smedt 1610-1611, 1656 et dans le F. Prignon 1345-1347, 1350. Le 26.9.1965 et le 16.10.1965, Heylen écrit à Houssiau qu'il travaille à la Liberté religieuse (cf. J. GROOTAERS & J. JANS, *La régulation des naissances à Vatican II*, p. 260-261).
13. Cf. F. Philips 2367, 2389, 2402, 2426.
14. Cf. F. Heuschen 273-275.
15. Dès la 3ᵉ intersession, on constate que, surtout pour les «Annexes» du schéma XIII, on fait appel à un bon nombre d'experts non officiels. Certains *periti*, comme de Lubac, exprimeront leur étonnement à ce sujet: «Grand afflux de *periti* occasionnels, qui s'introduisent sans contrôle» (cf. H. de Lubac, *Mémento sur le concile*, 22.11.1965, p. 671 – non publié). À la fin du mois d'octobre 1965 par exemple, aussi bien Cl. Troisfontaines que L. Declerck ont pu s'introduire presque en catimini et par simple curiosité dans des réunions de la commission mixte (Cf. Correspondance Troisfontaines, 31.10.1965).
16. Cf. n° 11.
17. Cf. F. Heuschen 272-280, 284.

sous-commission *De Matrimonio* à Ariccia et le 3 février, à Rome, il met le texte au point avec Heuschen, Schillebeeckx et van Leeuwen pour qu'il puisse être rediscuté à Ariccia le 4.2.1965[18]. Le 8.2.1965 à Rome, Heylen explique le texte à la sous-commission centrale. Celui-ci est fort bien accepté, mais on se demande s'il faut ajouter des conclusions pratiques (le problème du Birth Control) et on décide d'exposer la situation au pape[19]. On constate que Heylen met le cardinal Suenens au courant dans une lettre du 12 février[20]. Quand Philips – fin février et surtout en mars – est occupé à traduire le nouveau texte du schéma XIII en latin et à mettre les *Relationes* au point, Heylen collabore avec lui pour le texte *De Matrimonio*[21].

Du 29 mars au 7 avril, se tient une réunion de la commission mixte plénière, où Mgr Heuschen est absent pour motif de santé. Heylen, arrivé à Rome le 31.3.1965, participe à la discussion le 3 avril et retravaille le texte[22]. Une fois de plus, il informe le card. Suenens, le 8.4.1965[23].

À la 4e session du concile, Heylen est le secrétaire de la sous-commission VI *De Matrimonio*.

Elle est présidée par Mgr Dearden, archevêque de Detroit, mais, en fait, la présidence sera plutôt assurée par Mgr Heuschen, d'ailleurs en parfait accord avec Dearden.

Après les interventions des Pères faites *in aula* (29.9-4.10.1965), Heylen, aidé par d'autres, commence tout de suite à mettre ces interventions sur fiches[24], afin de pouvoir commencer la nouvelle rédaction dans la sous-commission, travail qui est déjà prêt le 12.10.1965[25]. La commission mixte plénière aborda la discussion de ce texte le 25.10.1965. À la fin de la matinée, Philips, pressentant une crise cardiaque, doit cesser tout travail conciliaire et il est remplacé comme *relator* par Heylen pour le chapitre sur le mariage[26].

Après les votes du 16 novembre 1965 sur le chapitre concernant le mariage, commença le travail de l'*expensio modorum*. Après une première classification,

---

18. Cf. n° 14 et F. Heuschen 459, 556-558.
19. Cf. n° 15, et Journal Charue, p. 230-231.
20. Cf. FConc. Suenens 2446.
21. Cf. F. Philips 2210, 2218-2220, 2224-2225.
22. Cf. Journal Charue, p. 246-249.
23. FConc. Suenens 2461.
24. Cf. n° 49-50, 53. et F. Philips, p. 7, Fichier V.
25. Cf. F. Heuschen 486, 568, 569.
26. Cf. n° 51 et G. TURBANTI, *Un Concilio per il mondo moderno*, Bologna, 2000, p. 710.

les réponses aux *modi* furent discutées, au collège belge, en sous-commission les 18 et 19 novembre et ceci en présence de quelques membres de la commission pontificale[27].

Ici, il faut signaler une manœuvre de la *squadra belga*. Quelques *modi*, provenant du groupe assez conservateur du *Coetus Internationalis Patrum* concernant le chapitre du mariage, étaient par erreur arrivés au collège belge, où tous les *modi* du schéma XIII étaient rassemblés pour être distribués aux sous-commissions, avant le vote du 16 novembre (ils étaient ajoutés à des *modi* sur des chapitres précédents). Quand on l'a remarqué, Heylen, avec l'autorisation de Heuschen, a fabriqué 10 nouveaux *modi* pour contrecarrer ces *modi* conservateurs et les a fait introduire par d'autres Pères lors du vote du 16 novembre. En effet, quand la sous-commission se trouvait confrontée à des *modi* en sens contradictoire, on avait l'habitude de laisser le texte tel qu'il était (à moins qu'un *modus* n'ait obtenu plus d'un tiers des voix, ce qui était exceptionnel)[28]. Ainsi les *modi* du *Coetus Internationalis Patrum* ont été facilement neutralisés.

C'est le 21 novembre qu'au collège belge se tient une réunion secrète, mais autorisée, de quelques membres de la sous-commission avec une délégation de la commission pontificale. Heylen prend amplement note de cette réunion (23 p. mss) et avec Delhaye en dégage les conclusions[29].

Quand, le mercredi 24 novembre, les *modi* pontificaux arrivent à la commission mixte, déjà le soir même Heylen élabore avec Delhaye et Prignon des contre-propositions, travail qu'ils continuent en sous-commission le jeudi matin. Et quand le vendredi matin 26.11.1965, la commission mixte obtient l'autorisation de discuter ces *modi*, Heuschen et Heylen auront leur texte prêt et réussiront à faire passer leur version des *modi* pontificaux à la commission. Ainsi le texte *De Matrimonio* sera sauvé; son sens et sa portée resteront intacts[30]. Le samedi matin Heuschen et Heylen se rendent encore chez Mgr Dell'Acqua pour lui demander comment il faut introduire les *modi* pontificaux dans le rapport officiel, qui sera terminé le dimanche 28 novembre et porté par Heuschen à Dell'Acqua. Entre temps le même jour le pape donne son approbation au texte.

---

27. Cf. n° 102, Journal Prignon, p. 211.
28. Cf. n° 89 et Journal Prignon, p. 205, 211.
29. Cf. n° 84, 86, 87.
30. Les n° 104-125 des archives de Heylen montrent comment lui-même et Heuschen étaient au centre du travail: tous documents et toutes les suggestions, émises de divers côtés, leur parvenaient; les brouillons de texte et les projets du rapport (ou bien manuscrits ou bien dactylographiés par Heuschen) témoignent de leur rôle crucial.

On ne peut qu'admirer le courage, le sang-froid et la capacité de travail (jusqu'à l'épuisement physique et nerveux[31]) de Heylen dans ces circonstances dramatiques. Tandis que beaucoup de *periti* réagissent avec violence et font une cabale[32] ou qu'un cardinal comme Léger se laisse envahir par la dépression, Heylen et Heuschen se mettent au travail, cherchent des solutions, prennent des contacts, discutent, se rendent chez Dell'Acqua et réussissent à sauver l'essentiel du texte[33], sauvegardant ainsi la liberté du concile et évitent en même temps un conflit ouvert avec le pape.

Non sans raison, Mgr Dearden écrira à Heylen le 7 juin 1967: «... you brought to my mind happy memories of the days in which we worked so closely together in the preparation of the chapter on marriage. They were interesting and arduous days. But I believe that through the efforts that were put forth, something of value emerged»[34].

2. État des archives

Mgr Heylen a légué ses archives à la Faculté de Théologie de l'Université catholique de Louvain; elles se trouvent actuellement au CCVII, Faculteit Godgeleerdheid, Katholieke Universiteit Leuven, Sint-Michielsstraat 6, B-3000 Leuven.

Ces archives contiennent des dossiers fort intéressants au sujet de la problématique du Birth Control, de l'encyclique *Humanae Vitae*, et du travail de la commission doctrinale de la Conférence épiscopale de Belgique, dont, à partir de 1966, Heylen fut d'abord membre, puis secrétaire, succédant à Philips.

Trois boîtes d'archives – qui sont inventoriées ici – contiennent les papiers de Heylen sur le concile. La plus grande partie de ces papiers a été classée par Heylen lui-même et souvent pourvue de notes manuscrites, qui donnent des explications fort utiles sur les documents[35].

31. Cf. F. Heuschen 508.

32. Cf. F. Heuschen 507; Journal Prignon, p. 222.

33. Après le concile, Heylen, conscient de l'importance historique de son expérience conciliaire, gardera et classera soigneusement tous ses papiers. De plus, il rédigera un article au sujet de *La Note 14* (cf. n° 150) dans le chapitre concernant le mariage, où avec une précision toute scientifique il donne l'histoire et le sens exact de ce texte.

34. Archives Heylen, CCVII, Leuven.

35. On ne sait pas à quelle date Heylen a classé ses papiers et ajouté ces notes. D'une part, on peut supposer que c'est quelques années après le concile, parce que ces notes présentent quelques erreurs. D'autre part, on a l'impression que G. Poier, qui a fait sa thèse

Pour la période post-conciliaire, nous avons uniquement inventorié les documents qui avaient un rapport direct avec l'histoire du concile.

La correspondance Heylen-Houssiau manque actuellement dans les archives[36].

*

Pour l'*Archivage*, les *Précisions techniques*, les *Sigles et abréviations* et les personnes à remercier, nous renvoyons aux *Notes sur les archives conciliaires de Mgr J. M. Heuschen*.

de doctorat en 1970 sous la direction de Heylen, a déjà pu bénéficier des papiers classés et annotés de Heylen. Peut-être même qu'il a aidé Heylen pour classer ses archives. Notons aussi qu'en 1972 Heylen a contribué à la fondation du Centrum voor Conciliestudie Vaticanum II de la Katholieke Universiteit Leuven.

36. Huit lettres de Heylen à A. Houssiau, entre le 26.9.1965 et le 4.12.1965, publiées dans J. GROOTAERS & J. JANS, *La régulation des naissances à Vatican II*, p. 260-267.

DOCUMENTS

IIa INTERSESSIO

De Ecclesia in mundo huius temporis

1 Schema 13 (17). Annexe I. «De persona humana in societate», fr., 10.6.1964, 10 p. (projet de texte).

2 Annexum III. De culturae progressu rite promovendo, lat., s. d., 7 p.

3 Annexum V. De communitate gentium et pace, lat., s. d., 11 p.

IIIa SESSIO

De Educatione christiana

4 Relatio super Schema Declarationis De Educatione christiana, TPV, J. V. Daem, lat., s. d., 14 p. [*Relatio* lue *in aula* le 17.11.1964].

De Ecclesia in mundo huius temporis

5 Schema XIII. Le mardi 20 octobre dans la 105ème congrég. générale…, V. Heylen, ms., fr., s. d., 3 p. (des notes de Heylen au sujet de la *Relatio* de Guano, lue *in aula* le 20.10.1964; et les décisions prises à la fin de la 3e session pour retravailler le schéma XIII).

6 Propositions faites pour le travail de rédaction du Schéma XIII, P. Haubtmann [très probablement], fr., 19.11.1964, 4 p. (suggestions de planning pour la réunion de la sous-commission centrale du 19.11.1964).

7 Schema XIII. Compte rendu de la Réunion plénière de la sous-commission centrale du mardi 17 novembre 1964 et des réunions restreintes des 19 et 20 novembre 1964, fr., s. d., 6 p. + double.

8 Des textes des interventions des Pères faites à la 3e session, lat., s. d., p. 344+ – 363+, 421+ – 431+, 534+ – 546+ [cf. F. Philips 2073. B. Animadversiones particulares].

9 Address to the Second Vatican Council on the subject of The Problems of the Family, an international group of lay catholics, angl. et fr., octobre 1964,

15 p. + 6 p. de signataires [initiative due e. a. à M. et Mme H. et L. Buelens-Gijsen et J. Grootaers].

10 + Aux signataires du document «Adresse au Concile», fr., 27.10.1964, 2 p.
(lettre avec une liste des nouveaux signataires).

IIIa INTERSESSIO

De Ecclesia in mundo huius temporis

11 Lettre de E. Guano à V. Heylen, fr., 5.1.1965, 1 p. (convocation pour la
réunion d'Ariccia du 1 au 6.2.1965).

12 Schéma XIII. L'Église dans le monde de ce temps, fr., 1.2.1965, 27 p. (projet
de texte).

13 Conspectus Primae Partis, lat., 1.2.1965, 27 + 3 p. (traduction latine du
texte précédent).

14 21. De Dignitate Matrimonii et Familiae fovenda, lat., 4.2.1965, 5 p. (selon
une note ms. de Cl. Troisfontaines, projet de texte rédigé par Heuschen,
Schillebeeckx et Heylen, discuté à Ariccia, le 4.2.1965 – autre note ms. de
Grootaers).

15 Nota de solvenda quaestione posita circa actus licitos vel illicitos in regu-
landa foecunditate humana, lat., 8.2.1965, 1 p. (la sous-commission *De
Matrimonio et Familia* ainsi que la sous-commission générale mixte vou-
laient demander à la commission pontificale sur la natalité où en étaient ses
travaux et proposait une collaboration; Heylen note que la demande ne fut
pas envoyée) [note ms. Heylen] + double.

16 De quibusdam aspectibus mundi hodierni, lat., s. d., 6 p. [selon le F. Philips
2194 de M. McGrath].

17 Relatio pro Schemate XIII: Pars I, Pars II, lat., s. d., 9 p. (*Relatio* au sujet
des interventions des Pères faites pendant la 3ᵉ session).

18 Caput II. De praecipuis muneribus a christianis nostrae aetatis implendis
C 1, lat., s. d., 4 p. (projet de texte).

19 De Vita oeconomico-sociali F1, lat., s. d., 5 p. (projet de texte) [notes mss
de Heylen].

20 De Vita politica F6, lat., s. d., 2 p.

21 De Communitate gentium et de pace construenda G1, lat., s. d., 11 p.
(projet de texte) [notes mss Heylen].

Texte demandé par le cardinal Suenens à V. Heylen (mars 1965)

[En mars 1965, le cardinal Suenens a demandé à V. Heylen de rédiger un texte, que le pape pourrait utiliser pour une déclaration sur la question du Birth Control. Cf. FConc. Suenens 2452-2453; F. Suenens B. C. et H. V. 306-309].

22 Conclusio pastoralis, 1e version, V. Heylen, lat., s. d., 3 p.

23 Conclusio pastoralis, 2e version, V. Heylen, lat., s. d., 3 p.

24 Lettre de J. M. Heuschen à V. Heylen, nl., 14.3.1965, 2 p. (des remarques de Heuschen au sujet de la 2e version du texte).

25 Lettre de P. Anciaux à V. Heylen, nl., 17.3.1965, 1 p. (il donne son opinion au sujet du texte de Heylen).

26 Conclusio pastoralis, 3e version, V. Heylen, lat., 18.3.1965, 3 p. + double.

27 Lettre de L. J. Suenens à V. Heylen, fr., 23.3.1965, 1 p. (il remercie pour le texte envoyé; mais de divers côtés on plaide en ce moment pour que le Saint-Père retarde son intervention; on verra plus clair après la réunion de la commission [pontificale] qui a lieu cette semaine).

---

28 Schéma XIII. L'Église dans le monde de ce temps, fr., 25.3.1965, 39 p.
29 + Notes, fr., s. d., 6 p.

30 Ordo disceptationis Schematis XIII, lat., 1.4.1965, 1 p. (l'ordre du jour de la réunion de la commission mixte à Rome, début avril 1965).

31 Comm. Pont. juin 1965, V. Heylen, ms., fr., s. d., 6 p. (probablement un résumé du rapport de la réunion de la commission pontificale en juin 1965) [notes mss Heylen].

32 À Sa Sainteté Paul VI, fr., 17.3.1965, 4 p. (lettre au pape du groupe qui a déjà en octobre 1964, publié l' «Adresse au Concile concernant les problèmes du mariage»; signataires: R. De Guchteneer, F. E. Freiherr von Gagern, M. Gaudefroy, M. Renaer, J. Ryan, H. et L. Buelens-Gijsen).

Varia

33 Lettre du secrétariat pour les affaires économiques à V. Heylen, it., 26.4.1965, 1 p. (on communique le remboursement des frais de Heylen).

34 J. Grootaers, *De Inzet van de Vierde Zittijd: het Na-Concilie,* dans *De Maand,* 7, 1965, p. 402-414, nl.

IVa SESSIO

De Ecclesia in mundo huius temporis

35 Caput II. De hominum communitate, B. Kloppenburg, lat., 17.10.1965, 5 p. (nouveau texte du chapitre II, rédigé après les interventions des Pères *in aula*, avec la *Relatio*).

36 Lettre de P. Felici au card. Ottaviani, it., 28.11.1965, 1 p. (il envoie deux notes que le pape a reçues).

37 + Lettre de A. Dell'Acqua à P. Felici, it., 28.11.1965, 1 p. (Dell'Acqua envoie les deux notes jointes) [cf. Journal Prignon, p. 238].

38 + Adición que se propone al núm. 72..., esp., s. d., 1 p. (un amendement au sujet des syndicats).

39 + Adición que se propone al núm. 79..., esp., s. d., 1 p. (un amendement au sujet des partis politiques).

De Matrimonio et Familia

40 Notes sur la Tradition occidentale du IIIᵉ au IXᵉ siècle concernant le remariage durant la vie des époux, E. Zoghby, fr., s. d., 26 p. (le 29.9.1965, Zoghby avait fait une intervention remarquée sur cette question) [avec une note ms.: «modus transmissus»: probablement Zoghby a donné ce document à Heylen en même temps qu'un *modus,* novembre 1965].

41 + Carte de visite de E. Zoghby.

42 Normae directivae pro labore subcommissionum, lat., 22.9.1965, 1 p.

43 Distributio subcommissionum, lat., 22.9.1965, 1 p. (la liste encore incomplète des membres et des *periti* pour les sous-commissions).

44 Subcommissio centralis. Commendationes pro aliis subcommissionibus, lat., 30.9.1965, 1 p.

45 Distributio Subcommissionum, Elenchus Peritorum pro Subcommissionibus, Elenchus Laicorum pro Subcommissionibus, lat., 5.10.1965, 2 p.

46 Secretarii Sub-commissionum, lat., s. d., 1 p. + double.

47 De modo accurato conficiendi schedulas, lat., s. d., 1 p. (des directives pour rédiger les fiches).

48 Lettre de Mgr J. V. Daem à V. Heylen, nl., 27.10.1965, 1 p. (le sous-secrétaire de la commission *De Educatione christiana* demande à connaître les initiatives prises en Belgique pour la pastorale familiale. Daem demande des informations à Heylen).

Les fiches concernant les interventions des Pères au sujet du «De Matrimonio et Familia» pendant la 4ᵉ session

[Selon la méthode, préconisée par Mgr Philips[1], les experts (et leurs assistants) faisaient des fiches de chaque intervention (orale ou écrite) des Pères. Ces fiches étaient utilisées lors de la nouvelle rédaction du texte par les sous-commissions. Ici on trouve les fiches faites par V. Heylen au sujet des interventions qui se rapportaient au chapitre *De Matrimonio et Familia*. On trouve les exemplaires des fiches mss faits par Heylen et puis une copie dactylographiée].

49   260 fiches mss de V. Heylen.

50   229 fiches dactylographiées.

La révision du texte «De Matrimonio et Familia» à la sous-commission et à la commission mixte (octobre 1965)

51   n. 60. Colombo: de quaestionibus dogmaticis…, G. Philips, ms., lat., s. d., 2 p. (probablement des notes prises par Philips lors de la discussion du chapitre *De Matrimonio et Familia* en commission mixte, le 25.10.1965. C'est le jour où Philips, frappé d'une crise cardiaque, a dû cesser tout travail pour le concile et qu'il fut remplacé pour ce chapitre par Heylen).

52   Cum currat tempus, cumque mox tempus amplius non erit…, lat., 26.10.1965, 1 p. (règlement fait par Charue et lu par le card. Browne à la commission mixte pour faire avancer les discussions en l'absence de Philips) [note ms. de Troisfontaines].

53   E/5282 Brizgys…, V. Heylen, ms., s. d., 3 p. (une liste avec les numéros des interventions de Pères au sujet du *De Matrimonio et Familia*, probablement en vue de la confection des fiches).

54   Ad p. 7, l. 5, V. Heylen, ms., lat, s. d., 5 p. (3 pages de projets de texte avec les changements qui sont soulignés, et 2 pages avec des justifications pour la *Relatio*).

55   Verumtamen meminerint conjuges…, V. Heylen, lat., s. d., 5 p. (des projets de textes).

56   n. 60, l. 15 ordo mutatur…, V. Heylen, ms., lat., s. d., 7 p. (notes et projets de textes).

---

1. Cf. F. Philips, p. 6-8.

57 De gedachtegang van n. 64 wordt gebroken…, E. Schillebeeckx, nl. et lat., s. d., 1 p. (un projet de texte) [notes mss Schillebeeckx].

58 60. Salus personae et societatis humanae…, lat., s. d., 5 p. (nouveau projet de texte).

59 Pars II. De quibusdam problematibus urgentioribus, lat., s. d., 5 p. (nouveau projet de texte des n° 59-64).

60 64bis. Conjuges, eximiae vocationis suae conscii…, V. Heylen, ms., lat., s. d., 1 p. (projet de texte).

61 + copie dactylographiée de ce texte.

62 Conclusio. Sacra Synodus sperat…, V. Heylen, lat., s. d., 4 p. [dont une page avec du texte au verso] (projet de texte).

63 + Conclusio, lat., s. d., 1 p. (version dactylographiée par Heuschen du texte précédent) [notes mss Heuschen] + double [avec note ms. Heylen].

64 n° 60 G. Ne angor et crisis…, V. Heylen, ms., lat., s. d., 2 p. (projet d'une partie de la *Relatio*).

65 1. Praeses et Secretarius, V. Heylen, ms., lat., s. d., 2 p. (des notes pour préparer la *Relatio*).

66 De Dignitate Matrimonii et Familia fovenda. Relatio generalis, lat., s. d., 9 p. (projet ronéotypé de la *Relatio*) [notes mss Heylen].

67 Ordo expositionis Card. Léger, V. Heylen, ms., s. d., 3 p.

Quelques lettres

68 Lettre de J. M. Reuss à V. Heylen, ms., lat. 27.10.1965, 1 p. (Reuss remercie Heylen de lui avoir restitué le Rapport de la commission pontificale de septembre 1965[2]. Il demande de lui restituer également une «Adresse» des médecins allemands, autrichiens et scandinaves; il le prie de lui remettre le nouveau texte élaboré par la commission mixte du *De Matrimonio et Familia*, parce que vendredi [29.10.1965] dans l'après-midi il doit retourner en Allemagne).

69 Lettre de J. B. Musty à V. Heylen, ms., fr., 30.10.1965, 2 p. (Colombo a donné une lettre pour Heylen à Charue à la réunion de la commission [mixte], peu après le départ de Heylen pour la Belgique. Musty, rentré en Belgique, transmet cette lettre par express à l'adresse de Heylen en Belgique).

2. Pour ce texte, cf. *infra*, n° 80.

70   + Lettre de C. Colombo à V. Heylen, ms., it., 28.10.1965, 2 p. (il envoie deux amendements au texte sur lesquels ils étaient d'accord et en plus un texte sur les valeurs humaines de la famille, comme le demandait M. de Habicht).

71   + Emendamenti nel testo ciclostilato cap I, C. Colombo, ms., it. et lat., s. d., 1 p. (trois amendements importants de Colombo sur le rôle de la conscience bien formée et du magistère de l'Église qui explique la loi morale).

72   + Circa i valori della famiglia, C. Colombo, ms., it. et lat., s. d., 1 p.

Textes rédigés pour le cardinal Suenens[3]

[Après son audience du 18.10.1965 chez Paul VI, le cardinal Suenens a demandé à plusieurs théologiens de faire un projet de déclaration, que le pape pourrait faire au sujet du Birth Control. Il s'est adressé à Heylen, de Locht, Häring, Reuss, Delhaye, Prignon. Cf. FConc. Suenens, 2503-2504, 2671; Journal Prignon, p. 175-177, 186-187, 198. Finalement le pape n'a pas fait de déclaration].

73   1. Depuis le début de l'humanité…, V. Heylen, fr., s. d., 7 p. (1er projet de ce texte avec note ms. Heylen: 1er projet discuté avec le cardinal Suenens en sa villa [la Villa Miani, Via Trionfale 151, Roma]).

74   Depuis le début de l'humanité…, V. Heylen, fr., s. d., 5 p. [avec note ms. Heylen].

75   + double [avec une note ms. plus tardive de Heylen, où il parle inexactement de septembre 1965 au lieu d'octobre 1965].

76   M'adressant d'une manière particulière…, V. Heylen, ms., fr., s. d., 1 p. (un projet d'insertion pastorale, à ajouter au texte).

77   Note. Il faut respecter dans les actes conjugaux…, V. Heylen, ms., fr., s. d., 1 p. (une note de Heylen au sujet de l'intégrité humaine et l'intégrité physique des actes conjugaux).

78   Quod attinet ad quaestionem num omnis actus…, J. M. Reuss, ms., lat., 24.10.1965, 3 p. (un texte de Reuss) [note ms. de Heylen].

79   Declaratio. Doctrina Ecclesiae catholicae…, B. Häring, lat., s. d., 3 p. (le projet de Häring).

---

3. Cf. lettre de Heylen à Houssiau, 26.10.1965 (J. GROOTAERS & J. JANS, *La régulation des naissances à Vatican II: une semaine de crise*, Leuven – Paris – Sterling, VA, 2002, p. 262).

La sous-commission De Matrimonio et Familia et la commission pontificale sur la natalité

80 De Quaestione «Regulationis nativitatum», TPV, lat., sept. 1965, 1+115+1 p. (rapport de la commission pontificale qui devrait être envoyé aux présidents des conférences épiscopales).

81 De Quaestione «Regulationis nativiatum» [sic], V. Heylen, lat., 24.10.1965, 1 p. (note de Heylen où il explique que ce rapport, contesté e. a. par Mgr Reuss, n'a pas été envoyé aux conférences épiscopales, après une lettre de protestation de Reuss, envoyée à Paul VI. Cf. Journal Prignon, p. 162).

82 Beatissime Pater, Sanctitas Tua gratias maximas…, J. M. Reuss, lat., 19.10.1965, 4 p. (il remercie le pape parce que ce rapport n'a pas été distribué et ajoute des considérations) [note ms. Reuss: il envoie copie de sa lettre au pape à Ph. Delhaye].

Réunion de la sous-commission mixte De Matrimonio et Familia *avec les évêques et théologiens de la commission pontificale (au collège belge, le 21.11.1965)*

83 Relatio de laboribus et conclusionibus usque nunc…, H. de Riedmatten, lat., 21.11.1965, 6+1 p. (Au début de la réunion le secrétaire général donne un rapport des travaux de la commission et il ajoute un amendement à insérer dans le texte du chapitre *De Matrimonio et Familia*).

84 Adunatio subc. pro matr. et Com. Pontif., V. Heylen, ms., lat. et fr., 21.11.1965, 23 p. (notes prises par Heylen pendant cette réunion).

85 1. La Constitution sur l'Église dans le monde actuel…, P. de Locht, fr., 21.11.1965, 4 p. (pendant la réunion, de Locht propose un schéma pastoral pour le temps de la «dubitante Ecclesia»; note ms. Heylen).

86 Réunion Collège Belge. 1° D'un avis unanime…, V. Heylen et Ph. Delhaye, ms., s. d. [mais du 21.11.1965], 3 p. (Heylen et Delhaye résument, pour accord des membres, les conclusions de cette réunion).

87 1° D'un avis unanime, les membres des deux commissions…, V. Heylen, fr., 21.11.1965, 1 p. (version dactylographiée du document précédent).

88 Rapport sur la session commune…, H. de Riedmatten[4], fr., 21.1.1965, 4 p. (rapport de cette réunion).

---

4. Le document n'est pas signé. Mais selon le contenu (on donne encore rapport d'une réunion, le soir, des membres de la commission pontificale entre eux) et selon la dactylographie [cf. le rapport précédent de de Riedmatten et F. Döpfner 1563], on doit l'attribuer

Modi

[Cette farde contient deux genres de documents:
– des *modi* non signés, et qui étaient souvent rédigés par des *periti* et distribués aux évêques pour être signés.
– des *modi* signés et originaux. En effet, tous les *modi* arrivaient au collège belge pour y être traités. Certains *modi* ne sont pas retournés aux archives du concile].

Modi *non signés*

89 4 pages avec en tout 10 *modi*, lat., s. d. [mais du 15.11.1965], rédigés par V. Heylen (avec note ms. Heylen: certains modi e. a. du *Coetus Internationalis Patrum* sont arrivés trop tôt au collège belge. Ainsi Heylen, après avoir consulté Mgr Heuschen, a rédigé des *contra-modi* pour neutraliser ceux-ci. Pour cet épisode, cf. Journal Prignon, p. 205) + double.

90 une liasse de modi, lat., s. d., 40 p.
91 + un *modus* recommandé par J. et L. Alvarez Icaza, lat., s. d., 1 p. + double.
92 + carte de visite de J. Alvarez Icaza M. et Luz L. De Alvarez Icaza (avec une note ms.: Avec les compliments du Père Robinson) + double.

Modi *signés*

93 *Modi* de A. Cicognani, A. Larraona, J. Ritter, E. Ruffini, J. Grotti, B. Fey, R. Joyce, L. Binz, E. Nicodemo, S. Barela, J. Verolino, A. Baraniak, S. Zupi.

94 Un paquet de *modi* et une liste à souscrire [où se trouve le nom de Peyton] pour insister sur la prière en famille (il s'agit d'un *modus* suggéré par Suenens et recommandé par le Père Peyton; cf. FConc. Suenens 2639-2640).

95 deux enveloppes (vides) qui ont contenu des *modi* provenant de R. Piérard et de C. Bafile.

Expensio modorum *(à l'exception des modi pontificaux).*

96 Directives pratiques pour le travail des sous-commissions, J. M. Heuschen, fr. et lat., s. d., 2+1 p. (directives données par Heuschen, le 12.11.1965, aux présidents et, le 14.11.1965, aux secrétaires des sous-commissions).

97 + Remarques, V. Heylen, ms., lat., s. d., 1 p. (des notes de Heylen, probablement prises à la réunion des secrétaires le 14.11.1965).

98 2 fiches, V. Heylen, ms., lat., s. d. (une fiche au sujet des fins du mariage; une autre avec une variante du texte pour la p. 6, l. 15).

à de Riedmatten (par erreur, il est attribué à Heylen dans J. GROOTAERS & J. JANS, *La régulation des naissances à Vatican II*, p. 93).

99   feuilles ms. de V. Heylen, lat., s. d., 10 p. (des notes mss probablement pri-
     ses lors de la discussion concernant les *modi* ou pour préparer les réponses).

100 feuilles mss de Ph. Delhaye, lat., s. d., 5 p. (des notes et des références de
     textes; probablement pour l'*expensio modorum*).

101 Pro expensione modorum et pro textu conciliari attendendum est…, J. M.
     Reuss, ms., lat., s. d., 1 p. (note de Reuss au sujet des fins du mariage).

102 Relatio Sessionum Subcommissionis sextae, V. Heylen, ms., lat., s. d., 1 p. (un
     brouillon de texte au sujet des travaux de cette sous-commission, qui s'est
     réunie au collège belge les 18 et 19 novembre).

103 A. Savard, *L'Église catholique et le contrôle des naissances*, dans *Le Monde*,
     31.3.1965, p. 9, fr. (article au sujet du discours de Paul VI à la commis-
     sion pontificale le 27.3.1965) [peut-être avait-on l'intention de citer une
     partie de ce discours ou de s'en inspirer, cf. F. Heuschen 580].

Les Modi *pontificaux*

104 Lettre du card. A. Ottaviani à Paul VI, it., 4.11.1965, 1 p. (Ottaviani envoie
     deux notes: une de M. R. Gagnebet et une de E. Lio; il écrit que commu-
     niquer ces notes aux membres de la commission mixte est vain, vu la men-
     talité de la majorité; la question mérite un examen plus approfondi).

105 + Osservazioni, E. Lio, it., s. d., 2 p. (des remarques sur le chapitre du
     mariage).

106 + Lettre de M. R. Gagnebet à Ottaviani, ms., fr., 3.11.1965, 1 p. (il envoie
     le rapport demandé par Ottaviani).

107 + À propos du Schéma XIII, M. R. Gagnebet, fr., s. d., 31.10.1965, 7 p.
     (critiques sur le chapitre du mariage, qui est fait en hâte; proposition de
     solution).

108 Lettre du card. A. Cicognani au card. A. Ottaviani, lat., 23.11.1965, 2 p.
     (il envoie les *modi* pontificaux).

109 + copie avec des notes mss de V. Heylen.

110 + la liste des 4 *modi* pontificaux, lat., s. d., 1 p.

111 + copie ronéotypée [avec notes mss de Heylen].

112 Ea, quae per litteras die XXIV [sic. Pourtant la lettre était datée du
     23.11.1965] huius mensis…, A. Cicognani, lat., 25.11.1965, 1 p. (Cicognani
     indique comment la commission mixte peut traiter les *modi* pontificaux).

113 Très Saint-Père, nous sommes plusieurs auditeurs laïcs…, fr., 25.11.1965,
     2 p. (lettre au sujet des *modi* pontificaux) [avec une note ms. Heylen: remise
     à Heylen par J. Alvarez].

114 Propositiones circa Modos a superiori [sic] auctoritate venientes, J. Ménager, lat., s. d., 1 p. (des propositions pour répondre aux *modi* pontificaux).

115 De Modis specialibus, M. Doumith, lat., s. d., 1 p. (des suggestions pour traiter les *modi* pontificaux).

116 En relación a la adición: «medios anticonceptivos», J. Alvarez, esp., s. d., 2 p. (des critiques au sujet des *modi* pontificaux).

117 mentio doctrinae declaratae…, V. Heylen, ms., lat., s. d., 6 p. (des feuilles avec des notes de Heylen, probablement lors de la discussion pour trouver une solution pour les *modi* pontificaux).

118 Introd. secretarii V. Heylen 1. Gratias propter modos receptos…, V. Heylen, ms., lat., s. d., 2 p. (une introduction de Heylen lors de la discussion des *modi* pontificaux à la commission mixte?).

119 Introductio secretarii in expens. Mod., V. Heylen, ms., lat., s. d., 5 p. (un projet d'introduction orale donnée par Heylen lors de la discussion des *modi* pontificaux à la commission?).

120 n. 51. Modus 2-5, V. Heylen, ms., lat., s. d., 4 p. (des projets de texte pour traiter les *modi* pontificaux).

121 Notae sumptae a relatore in ipsa sessione ultima de matrimonio, V. Heylen, ms., lat., s. d., 8 p. (notes prises par Heylen pendant la réunion du 26.11.1965).

122 Relatio adun. Commiss. gen. mixtae de Matrimonio, V. Heylen, ms., lat., 8 p. (le rapport de cette même réunion, fait sur base des notes du document précédent) [avec à la p. 8 une note ms. de Heylen ajoutée plus tard].

123 De Expensione Modorum, lat., s. d., 3 p. (la réponse de la commission aux *modi* pontificaux) [avec une note ms. de Heylen à la p. 3).

124 Commissio Generalis Mixta, debita cum reverentia, lat., s. d., 2 p. (un projet de la *Relatio* à transmettre par Ottaviani à Paul VI).

125 Lettre du card. Ottaviani à Paul VI, it., 27.11.1965, 1 p. (Ottaviani transmet la *Relatio* et une note de Ford) [sur cette lettre Paul VI a écrit de sa main: 28.XI.1965: Si accettano gli emendamenti nella forma proposta della commissione mista. P.].

126 + Commissio Generalis Mixta, debita cum reverentia…, V. Heylen, lat., s. d., 4 p. (la *Relatio*, destinée au pape, de la réunion du 26.11.1965 transmise au card. Ottaviani le même jour) [dactylographie de Heuschen] + double.

127 + Novus textus Capitis I, n. 51, linea 24 non placet…, J. Ford, lat., s. d., 1 p. (une note de Ford qui marque son désaccord avec l'*expensio modorum* faite par la commission mixte).

128 Excellence Révérendissime, J'ai l'honneur…, J. M. Heuschen, fr., 28.11.1965, 1 p. (brouillon d'une lettre de Heuschen à Dell'Acqua pour lui envoyer la *Relatio*; pour la version définitive, cf. F. Heuschen 354).

129 Réflexions sur la séance de vendredi 27 [=26] nov. de la commission mixte…, A. Dondeyne, fr., s. d., 5 p. (réflexions transmises par Dondeyne à Paul VI dans une lettre du 29.11.1965).

130 Lettre de A. Dell'Acqua au card. Suenens, fr., 3.12.1965, 1 p. (Dell'Acqua envoie des observations au sujet des Réflexions de Dondeyne) [pour l'original, cf. FConc. Suenens 2662].

131 + Osservazioni sulle «Réflexions» del Prof. Dondeyne circa il problema del Matrimonio, it., s. d., 8 p. [selon une note ms. – à la p. 8 – de Heylen à attribuer à C. Colombo].

Varia

132 Permesso personale per assistere alla Congregazione Generale…, P. Felici, it., s. d., 1 p. (billet d'entrée aux congrégations générales du concile pour V. Heylen du 21 au 30 septembre 1965).

133 Des paquets de communiqués de presse de l'Ufficio Stampa du concile, fr., (couvrant la 4ᵉ session).

POSTCONCILIUM

134 Lettre de A. Glorieux à V. Heylen, fr.,14.12.1965, 2 p. (Glorieux remercie Heylen pour un repas au restaurant Mastrostefano et pour tout le travail au service du concile).

135 Lettre du secrétaire du Secrétariat pour les affaires économiques à V. Heylen, it., 19.3.1966, 1 p. (il annonce l'envoi d'un chèque pour les frais de Heylen pendant la 4ᵉ session).

136 + Borderel van wissels, nl., 24.3.1966, 1 p. (le chèque de l'Istituto per le Opere di Religione a été versé au compte de Heylen).

137 J. Grootaers, *De drie Lezingen van Schema XIII en in het bijzonder van het Huwelijkshoofdstuk*, in *De Maand*, IX, 1-2 (janv. et févr. 1966), tiré à part, 43 p., nl.

138 Lettre de J. Fuchs s. j. à V. Heylen, all., 15.3.1966, 2 p. (Fuchs, membre de la commission pontificale, après avoir lu l'article de Grootaers, demande par quelle autorité il a été invité au travail de la commission mixte. Au début de 1965, Häring lui avait dit dans une conversation privée que la commission conciliaire lui demanda de collaborer. Un peu plus tard Heuschen lui avait envoyé le projet de texte, sans aucune lettre d'accompagnement. Et il avait envoyé ses remarques à Heuschen. Après une session de la commission [probablement avril 1965] Heylen l'a invité à un repas au collège belge. Après le 10.10.1965, il a été invité par le vice-recteur du collège belge [L. Declerck] à participer au travail de la sous-commission. De même, il a été invité au travail de la sous-commission à partir du 17.11.1965. Maintenant il aimerait bien savoir quelle autorité l'a invité à collaborer) [pour cette question cf. F. Philips 2648 et Journal Prignon, p. 153-154, 163].

139 V. Heylen, *Het huwelijkshoofdstuk van «Schema 13»*, dans *De Maand*, 3, 1966, p. 133-140, nl. (tiré à part).

L'article au *Ladies Home Journal*
[pour cet incident, cf. F. Suenens B. C. et H. V. 642-644].

140 L. R. Chevalier, *The secret drama behind the Pope's momentous decision on birth control*, dans *Ladies Home Journal*, vol. LXXXIII, Number 3, march 1966, p. 88-89, 166-174, angl. (un article où l'on cite Heylen) [avec une note ms. qui dit que cet article est pour une large part préparé par Robert Kaiser].

141 De moeilijke wegen van de pauselijke commissie voor geboorteregeling, dans *De Volksmacht*, nl., 4.6.1966, p. 13 (un résumé de l'article paru dans *Ladies Home Journal*).

142 Lettre de V. Heylen à la rédaction de l'hebdomadaire *De Voksmacht*, nl., 7.6.1966, 1 p. (il demande de publier une rectification).

143 + De moeilijke wegen van de Pauselijke Commissie voor Geboorteregeling, V. Heylen, nl., s. d., 2 p.

144 Lettre de P. Brulez à V. Heylen, nl., 8.6.1966, 1 p. (le rédacteur en chef de *De Volksmacht* accepte de publier la rectification de Heylen).

L'article de V. Heylen, *La note 14 dans la constitution pastorale «Gaudium et Spes» P. II, C. I, N. 51*, dans *Eph. Theol. Lov.*, t. XLII, fasc. III, 1966, p. 555-566.

145 Lettre de A. Prignon à V. Heylen, fr., 22.1.1966, 1 p. (Prignon envoie – en photocopie – les textes demandés par Heylen, probablement en vue de son article) [un bon nombre des documents cités ci-dessus à la 4e session proviennent de Prignon; ils portent des numéros en chiffres romains].

146 Lettre de J. M. Heuschen à V. Heylen, nl., 28.6.1966, 1 p. (il répond à une demande d'information de Heylen et lui renvoie une page avec ses corrections).

147 +Titulus (praesumptus), V. Heylen [en partie ms. Heylen et Heuschen], lat., fr., nl. et it., s. d., 1 p. (Heuschen répond aux questions de Heylen).

148 La note 14 dans la Constitution pastorale..., V. Heylen, fr., s. d., 20 p. (projet de l'article).

149 La Note 14 dans la Constitution pastorale..., V. Heylen, fr., s. d., 20 p. (l'article précédent avec des corrections mss de plusieurs mains).

150 V. Heylen, La Note 14 dans la Constitution pastorale..., fr., (tiré à part de l'article paru dans les *Eph. Theol. Lov.*, t. XLII, fasc. III, 1966, p. 555-566).

151 Lettre de A. Prignon à V. Heylen, fr., 5.3.1967, 1 p. (Prignon remercie pour l'envoi de l'article).

152 Carte de É. Hamel s. j. à V. Heylen, fr., s. d., 1 p. (il remercie pour l'envoi de l'article; il est d'accord avec l'interprétation de Heylen, qui est rejoint, bien que par un biais différent, par le Père David dans son article Sievers-David, *Vollendung ehelicher Liebe*, 1966, p. 168-169 [cf. F. Suenens B. C. et H. V. 186-187]).

---

153 Huwelijk en gezin in de huidige wereld, Constitutie Gaudium et Spes II, 1, V. Heylen, nl., 15.5.1966, 15 p.

154 + Double, corrigé par Heylen avec 1 page supplémentaire (+ double).

155 Lettre de M. L. van den Born à V. Heylen, nl., 13.6.1966, 2 p. (lettre de l'éditeur de J J. Romen en Zonen qui va publier l'article de Heylen, *Huwelijk en gezin in de huidige wereld*).

156 De waardigheid van Huwelijk en Gezin, V. Heylen, nl., 1.5.1966, 50 p. (projet dactylographié de l'article de V. Heylen, *De waardigheid van huwelijk en gezin in Vaticanum II*, dans *De Kerk in de wereld van deze tijd*, Hilversum, 1967, p. 113-147).

157 Lettre de P. Paelinck à V. Heylen, nl. 8.6.1966, 1 p. (le secrétaire de la Reine Fabiola remercie Heylen parce qu'il a envoyé, à la demande de la reine, le texte du concile et son commentaire sur le chapitre concernant le mariage) [avec note ms. Heylen].

158 La dignité du mariage et de la famille, V. Heylen, fr., s. d., 27+1 p. (commentaire de Heylen sur ce chapitre de *Gaudium et Spes*) [probablement en vue d'une traduction espagnole]).

159 La Liberté religieuse, V. Heylen, fr., s. d., 8 p. (commentaire de Heylen concernant le Décret *Dignitatis humanae*).

INDEX ONOMASTIQUE
DES PAPIERS CONCILIAIRES DE MGR J. M. HEUSCHEN

Remarque préliminaire

Les noms repris dans l'index ne renvoient qu'aux *numéros* des pièces et ne concernent pas l'introduction ni les notes en bas de la page.

Les prénoms sont indiqués dans la langue originale.

Le nom «J. M. Heuschen» ne se retrouve évidemment pas dans l'index.

INDEX ONOMASTIQUE
DES PAPIERS CONCILIAIRES DU PROF. V. HEYLEN

Remarque préliminaire
Les noms repris dans l'index ne renvoient qu'aux *numéros* des pièces et ne concernent pas l'introduction ni les notes en bas de la page.
Les prénoms sont indiqués dans la langue originale.
Le nom «V. Heylen» ne se retrouve évidemment pas dans l'index.